AF474087

ŒUVRES

DE

SAINT-SIMON & D'ENFANTIN

PRÉCÉDÉES DE DEUX NOTICES HISTORIQUES

XXVIIIe VOLUME

ŒUVRES

D'ENFANTIN

PUBLIÉES PAR LES MEMBRES DU CONSEIL

INSTITUÉ PAR ENFANTIN

POUR L'EXÉCUTION DE SES DERNIÈRES VOLONTÉS

HUITIÈME VOLUME

PARIS
E. DENTU, ÉDITEUR
LIBRAIRE DE LA SOCIÉTÉ DES GENS DE LETTRES
PALAIS-ROYAL, 17 ET 19, GALERIE D'ORLÉANS

1872

PRÉFACE

ADOLPHE GUÉROULT

Les premières feuilles du volume que nous publions aujourd'hui étaient sous presse, quand le Conseil, institué par Enfantin pour la propagation de sa foi et de ses œuvres, subissait une nouvelle mutilation : **Adolphe Guéroult** suivait de près dans la tombe le légataire universel du maître, notre vieil ami **Arlès-Dufour**.

Les organes de tous les partis se sont rencontrés et pressés autour du cercueil de Guéroult pour rendre enfin justice, non pas seulement au talent, mais au caractère et aux nobles qualités de l'éminent journaliste et courageux citoyen, à la mort duquel, il faut le dire, les injustices et les calomnies de l'esprit de parti n'avaient pas été étrangères.

Ce concert unanime de regrets et de louanges dont la fin prématurée de Guéroult donna le signal, était bien fait pour le réjouir dans sa vie nouvelle et pour aider sa famille désolée à porter le poids d'une douleur aussi profonde que légitime. Ses adversaires les plus déclarés, sur le terrain des opinions et des croyances, s'associèrent, par leur assistance, aux hommages qu'il reçut à ses funérailles purement civiles, de la part de ses amis politiques, anciens ou nouveaux. Cependant tout n'est pas dit encore pour sa mémoire. Ses coreligionnaires, de la première à la dernière heure, ont aussi une parole à faire entendre, et c'est cette tâche cordiale et pieuse, ce devoir doctrinal que je viens remplir.

Né en 1810, en Normandie, Guéroult avait à peine vingt ans lorsqu'il vint à Paris, où les Saint-Simoniens commençaient à faire du bruit. Il portait en lui un levain de démocratie, un esprit philosophique et un sentiment religieux, que ses études au petit séminaire d'Ecouis n'avaient pu ni concilier ni satisfaire. Il se trouvait ainsi prêt pour saluer avec empressement l'avénement de toute doctrine qui serait exempte de superstition et d'athéisme, et qui renfermerait en même temps des promesses sérieusement libérales pour les masses laborieuses, condamnées héréditairement à l'ignorance et à la misère.

Cette prédisposition le menait naturellement à la rencontre des hommes qui tentaient alors une régénération religieuse, en dégageant le Dieu vraiment infini de Saint-Jean et de Saint-Paul, des réminiscences payennes, introduites depuis Nicée dans le christianisme, sous l'influence des considérations et des exigences temporelles. Ce qui devait surtout attirer Guéroult vers ces hommes, c'est qu'ils donnaient le dogme nouveau pour base et pour couronnement au nouvel édifice social, dont ils étaient en train de dresser le plan et qui devait avoir pour but d'améliorer la condition morale, intellectuelle et matérielle du plus grand nombre des créatures humaines, par l'abolition des priviléges de la naissance sans exception, par le classement selon la capacité, la rétribution selon les œuvres, et l'égalité dans les sexes comme dans les classes.

La conversion de Guéroult au socialisme religieux des disciples de Saint-Simon fut donc rapide, et, une fois déclarée, elle devait rester inébranlable et définitive, parce qu'elle n'était pas le produit accidentel d'une exaltation juvénile, comme on a pu le remarquer chez d'autres qui l'ont même confessé, pour s'en faire une excuse, à leur rentrée dans le vieux monde, mais le résultat d'une conviction profonde qui ne pouvait que s'affermir par le développement progressif et la maturité précoce de la haute et puissante raison dont le fervent néophyte était doué.

Au moment où le saint-simonisme conviait les nouvelles générations, travaillées par l'esprit révolutionnaire, à sortir des voies de la violence et à clore l'ère des conspirations et des émeutes, pour se livrer résolûment à l'étude sérieuse des problèmes sociaux et à la recherche des solutions progressives et pacifiques, le parti rétograde, maître officiel de l'Europe depuis 1815, s'était appliqué en France à ramener l'ancien régime. Le roi Charles X avait même cru, un jour, qu'il lui suffisait de mettre à la tête de son gouvernement un favori gouverné lui-même par les émigrés et les jésuites, pour annuler et supprimer, d'un trait de plume, dans notre histoire nationale, les conquêtes philosophiques, politiques et sociales du XVIIIe siècle etd e la Révolution française.

Le lendemain, le saint-simonisme, à peine constitué hiérarchiquement, avait publié *l'Organisateur* dont le premier numéro renfermait ces quelques lignes devenues un an après prophétiques : « L'histoire nous montre une foule d'exemples frappants de la vanité toujours croissante des efforts rétrogrades. A chaque révolution, des fantômes surgissent sur la poussière des dogmes détruits ; et, après de folles menaces dont la réalisation leur est interdite, et qui ne servent qu'à troubler passagèrement les esprits, ils vont s'abîmer irrévocablement dans l'océan du passé. »

Cette prédiction accomplie, le coup mortel, porté à l'absolutisme royal et clérical par le peuple de Paris, au profit des classes moyennes et libérales, n'ayant fait que substituer la branche cadette à la branche aînée de la race régnante, sans atteindre le principe monarchique, il s'était formé bien vite un nouveau parti conservateur qui, sans vouloir reculer vers l'ancien régime, comme les nobles et leurs aux¹

liaires religieux, se montrait disposé à combattre à outrance tout système politique, tout plan de réforme, pouvant compromettre le *statu quo* social et les priviléges constitutionnels assurés à la bourgeoisie par la nouvelle charte.

Les Saint-Simoniens se trouvèrent dès lors exposés à de rudes et incessantes attaques de la part des organes officiels ou officieux du gouvernement de Juillet. Les feuilles ministérielles ne s'en tinrent pas même à repousser injurieusement les doctrines de la nouvelle école, elles en vinrent à l'insulte et à la calomnie envers les personnes. Les propagateurs du *nouveau christianisme* ne furent pas mieux traités en effet par les modernes pharisiens du *juste milieu* que les fondateurs du christianisme primitif ne l'avaient été par les Rabbins juifs, lesquels, dans le *Talmud,* avaient appliqué au Christ lui-même l'épithète de *voleur*. Les Saint-Simoniens devenant de plus en plus embarrassants depuis qu'ils avaient acquis la propriété d'un journal quotidien, le *Globe*, pour étendre la publicité de leurs enseignements et de leurs prédications, le pouvoir nouveau trouva ingénieux de faire considérer ces novateurs comme des *escrocs*. Le parquet ouvrit une instruction à cette fin, et la *France nouvelle*, qui recevait ses informations d'en haut, annonça cette poursuite en ces termes :

« On nous assure que les saint-simoniens sont accusés de *plusieurs escroqueries*, et que d'autres chefs d'accusation pèsent aussi sur eux. »

Le *Globe* répondit en quelques mots. Ce fut le début de Guéroult dans cette polémique du journalisme où il devait exceller un jour.

« En vérité, dit le *Globe*, pour un journal du ministère, voilà des formes bien dubitatives : *cette mesure paraît avoir été exécutée*, etc.; *on nous assure*, etc. Comment se fait-il que M. ***, qui est si bien avec les ministres, n'ait point obtenu de leur part des renseignements plus précis ? Il doit, à coup sûr, leur en vouloir de cette réticence, car elle le place, à notre égard, dans une situation qui doit lui être pénible. On vous *assure* que nous sommes des *escrocs*, et vous n'hésitez pas à le répéter ! Permettez-nous, monsieur, de vous donner un conseil ; *c'est un triste métier que de se faire l'écho bénévole, l'interprète officieux de la calomnie*. Quand on se mêle de calomnie, on devrait au moins la faire à son compte. Si vous savez des faits, osez les articuler ; et nommez-vous sans vous retrancher derrière une trop commode particule. Si vous ne savez rien, gardez le silence. »

« AD. GUÉROULT. »

L'écho officieux de la calomnie ne se nomma pas et la calomnie officielle échoua devant la justice. Mais la calomnie ne meurt pas de ses échecs. Basile connaissait bien la portée de ses coups. Guéroult en fera plus tard la triste expérience.

Mais Guéroult faisait mieux que défier et flétrir le mensonge diffamatoire déchaîné, sous les auspices des ministres, contre le saint-simonisme. Préoccupé, avant tout, de l'urgence d'une rénovation sociale, pacifiquement poursuivie par différentes écoles, il voyait dans les novateurs contemporains de Saint-Simon son maître, plutôt des auxiliaires possibles que des adversaires irréconciliables. C'est ainsi qu'en 1831, il appela, dans le *Globe*, la lumière et la justice sur les écrits de Charles Fourier, par un article remarquable sur l'élan moral, intellectuel et économique des sociétés modernes ; article qui conserve tellement, aujourd'hui encore, son caractère d'actualité et d'opportunité après quarante ans de luttes et de révolutions incessantes sur le continent européen, que je crois utile de le reproduire ici comme un conseil que mon vieil ami envoie du fond de la tombe aux générations nouvelles pour les éclairer sur les questions fondamentales posées à notre siècle, c'est-à-dire sur les nécessités les plus pressantes du moment.

« Sans doute, disait Guéroult, pour qui laisse errer ses yeux à la surface de l'époque, pour qui compare ces doctrines tremblottantes, minutieusement occupées de la stérile autopsie des systèmes, avec les audacieuses et vivantes théories du siècle dernier; la carrière tumultueuse et passionnée des tribuns de la Constituante et de la Convention avec les routinières et somnolentes habitudes des orateurs politiques du jour, il y a là le sentiment d'une déchéance profonde, et le XIXe siècle n'apparaît que comme une caduque et agonisante prolongation du XVIIIe. Oui, c'est bien là un monde qui s'en va, qui s'éteint, monde sans amours et sans haines vigoureuses, à passions froides et petites, monde rabougri. Aussi bien laissons cheminer cette société aux tristes insignes, et cherchons plus à fond, car il ne peut y avoir de lacune dans le progrès, et les éléments de la rénovation doivent être depuis longtemps préparés. Grâce à nous, le temple commence à sortir de terre, mais remontons un peu à l'origine. Voyez sous l'Empire, au milieu du fracas de la conquête et à côté des pacifiques exploits de l'industrie et de la science, voyez commencer une élaboration intime et confuse, une germination sourde et latente, une recherche d'avenir, d'abord méprisée par le grand nombre comme une défiance injurieuse du présent.

« En dépit de l'éclat de la gloire militaire et de la prospérité intellectuelle et commerciale, un pressentiment obscur agite quelques hommes, les avertit que ce brillant édifice est le colosse aux pieds d'argile; que la société n'a pas de bases, qu'elle attend un renouvellement complet de toutes ses croyances morales, religieuses; qu'il faut une solution nouvelle à tous les problèmes sociaux, car on vit de routine, marchant sans principes, sans boussole; et chaque jour une logique fatale entraîne quelques lambeaux des pratiques, sur lesquelles la société repose, dans l'abîme où se sont déjà engouffrés les sentiments et les croyances qui leur avaient servi de sanction. Il faut de l'unité, il faut quelque chose qui puisse rassembler, rallier les élans d'une activité incertaine et divergente ; il faut un point fixe sur lequel on puisse s'orienter, il faut un dogme, une religion nouvelle ; c'est là ce que les esprits élevés de l'époque recherchent tous avec une conscience plus ou moins nette de leur œuvre.

« Tant que le mot de cette grande énigme n'aura pas été trouvé, vous verrez les vieilles croyances morales et religieuses, les vieilles institutions politiques, survivre à tous les ouragans, se cramponner au sol, et meurtries, sanglantes, mourantes, désespérer, par la lenteur de leur vivace agonie, leurs ennemis épuisés par de stériles victoires. Les Bonald, les Montlosier professeront encore les doctrines de l'ancien régime dans la patrie des Babeuf et des Marat ; Châteaubriand, dépouillant du cilice le vieux squelette de la foi pour le parer d'un ajustement mondain, fera admirer en France le génie du christianisme, comme si de Voltaire il n'eût jamais été question ; et De Maistre, campé sur les hauteurs d'une imprenable orthodoxie, jetant un regard de pitié sur le troupeau philosophique, couvrira de son mépris de gentilhomme chrétien tous ces maçons ignorants qui se donnent des airs d'architectes, et qui oublient que Dieu seul est l'architecte des nations ; magnifique protestation d'un athlète vieilli, mais assez vigoureux encore pour ne vouloir céder la place qu'à un successeur digne de le remplacer. Cependant, tandis que tous ces champions du passé regardent en arrière, Mme de Staël, élevée dans l'indépendance protestante et agitée de pressentiments que son cœur de femme lui révèle, se tourne vers l'avenir, appelle, annonce une foi nouvelle, et raconte à la France les religieuses méditations de l'Allemagne, de l'Allemagne où tous les penseurs, Lessing, Kant, Fichte élaborent de vastes systèmes d'unité qui doivent se perfectionner encore entre les mains de Schelling, Hegel et Krause.

« En France aussi, de nombreuses idées fermentent ; tandis que Saint-Simon, animé dans tous ses travaux du besoin de mettre un terme à la crise européenne, provoque inutilement, dans la science, une rénovation capitale par sa conception sur la méthode ; produit sur l'industrie, la politique et l'histoire les vues les plus hautes et les plus fécondes ; remue les hommes et les idées, et se prépare ainsi à ébaucher dans le *Nouveau Chris-*

tianisme une solution du passé et de l'avenir religieux de l'humanité, d'autres hommes, placés moins haut que lui, mais préoccupés aussi du besoin de la rénovation, taillent déjà quelques-unes des pierres qui doivent entrer dans la construction du nouvel édifice. Azaïs expose le système de l'*explication universelle;* Wronski dépose dans la *Philosophie mathématique,* et le *Sphinx,* le germe des conceptions transcendantes qu'il développe aujourd'hui dans le *Messianisme ;* Aucar publie l'*Association intellectuelle;* Coëssin, les *Neuf livres;* Senancour, dans son ouvrage de l'*Amour*, fait subir à la morale chrétienne une condamnation sévère, mais consciencieuse; et enfin, Charles Fourier met au jour, dans la *Théorie des quatre mouvements*, le système remarquable sur lequel nous appelons aujourd'hui l'attention de nos lecteurs. La plupart de ces hommes sont restés incompris. De plusieurs on a admiré le talent, puis on les a laissés là; les autres, stigmatisés du titre de rêveurs par le *positivisme* du siècle, ont à peine trouvé grâce auprès de quelques esprits éclairés, avides de nouveauté et d'invention. De ce nombre est M. Charles Fourier. Or, le jour est venu pour nous, disciples d'un homme qui vécut et mourut méconnu, si ce n'est de quelques-uns, d'appeler la lumière et la justice sur les écrits d'un penseur dont les idées ont un rôle important à jouer dans l'œuvre que nous accomplissons aujourd'hui. Si nous ne nous sommes pas plus tôt occupé de M. Fourier, c'est que l'examen de ses ouvrages n'était jusqu'à ce jour ni utile ni possible pour nous. Avant de faire connaître, d'apprécier, de juger, de classer des hommes par rapport au mouvement qui s'accomplit aujourd'hui dans la société, nous avions nous-même à nous faire connaître, à constater nettement, aux yeux de tous les partis, notre valeur politique, morale, religieuse; à prendre un caractère, une attitude, un nom; maintenant que cette tâche est suffisamment avancée, il nous sera permis d'appeler sur d'autres la publicité que nous avons eue à conquérir pour nous. » AD. GUÉROULT.

Dans ces premiers essais de sa plume, le journaliste de vingt ans laissait apercevoir déjà l'esprit supérieur, le penseur hardi, le philosophe religieux, et aussi le critique de bon goût et le polémiste de bon ton, qui, durant toute sa carrière, dans le *Globe*, le *Temps*, les *Débats*, le *Crédit*, la *République*, la *Presse* et l'*Opinion nationale*, devait se faire remarquer par la clarté, la précision, la vigueur et l'élégance de son style, autant que par l'élévation et la portée de ses vues et par la droiture et la fermeté de son caractère dans les temps les plus difficiles.

La scission qui éclata, en novembre 1831, dans le sein du saint-simonisme, contrista vivement Guéroult dont les intimes amis se trouvaient désormais divisés en deux camps. Il manifesta cette affliction dans une séance où Enfantin demandait une profession de foi particulière à chacun des membres qui étaient restés groupés autour de lui. Le maître voulut opposer à la parole de tristesse du disciple une *parole d'espoir et de joie*, selon ses propes expressions; il dit à Guéroult : « Tu penses bien quelquefois que l'avenir te nommera comme l'un des fondateurs, comme l'un des premiers apôtres de la foi nouvelle, et il y a là de quoi adoucir bien des douleurs. »

Guéroult répondit :

« J'ai toute confiance dans le mouvement qui s'accomplit; je sais que nous allons vers l'humanité; j'ai aussi toute confiance en vous.... Si je n'avais pas foi que les hommes avec lesquels je suis ont puissance de transformer l'humanité, je ne serais pas ici... Mais le mouvement actuel n'a pas de joies personnelles pour moi, c'est par devoir que je m'y associe, et non parce que j'y trouve le bonheur. Aussi je dis que ma foi est complète, inébranlable, mais qu'elle est douloureuse. »

Le *Globe* ayant cessé de paraître et la société saint-simonienne étant reconstituée sous une forme qui lui donnait un caractère cénobitique, dans sa retraite de Ménilmontant, où Enfantin était soumis au célibat et au costume avec ceux de ses disciples restés attachés à ses conceptions nouvelles et à sa personne, Guéroult, sans rien abandonner de ses croyances et sans rien perdre de son affection pour le maître, ne suivit point ce mouvement et continua d'écrire à Paris dans la presse quotidienne. Associé à la rédaction du *Temps*, il inséra dans cette feuille un article remarquable sur un roman de Mme Dudevant, et il reçut à cette occasion des témoignages de satisfaction d'Enfantin.

La position de Guéroult, comme saint-simonien, fut alors celle de tous les anciens disciples d'Enfantin (j'étais de ce nombre) qui gardèrent leur attachement à la nouvelle doctrine en dehors de l'apostolat régulier de Ménilmontant, sans accepter la discipline, le costume et le célibat mis en vigueur dans cette retraite, pas plus que les conjectures hasardées par le maître sur les rapports des deux sexes dans l'avenir.

Quelques années plus tard, Guéroult fit partie de la rédaction du *Journal des Débats* où Michel Chevalier était déjà en crédit. Envoyé en Espagne comme correspondant, il revint bientôt en France. Nommé, peu après son retour, consul au Mexique, il passa ensuite en la même qualité en Moldavie d'où il fut rappelé en 1848 par la révolution de février. Nous nous retrouvâmes alors à la rédaction du *Crédit*, fondé par Duveyrier sous l'inspiration d'Enfantin ; et aussi dans les bureaux de la *République*, dont le *rédacteur en chef*, Eugène Bareste, avait fait partie du groupe apostolique de Ménilmontant.

Dans ces deux journaux, Guéroult défendit l'institution républicaine et la réforme sociale, avec autant de modération que d'énergie, contre le monarchisme réactionnaire et le socialisme démagogique. La distinction entre ce socialisme brutal et radical et celui des écoles philosophiques ayant été établie dans un mandement de M. Sibour, archevêque de Paris, Guéroult s'empressa de recommander à l'attention des lecteurs de la *République* ce manifeste épiscopal dans lequel le sage prélat recommandait lui-même aux prêtres et aux fidèles de son diocèse de ne pas confondre le progrès pacifique et graduel qu'il appelait le *bon socialisme* avec l'agrariat ou le communisme des ultra-révolutionnaires. La *distinction*, après tant de changements survenus depuis, n'a rien perdu de son opportunité, et la confusion est plus que jamais la suprême ressource, le prétexte banal des conservateurs-bornes contre le *bon socialisme*.

Au 2 décembre 1851, Guéroult fut arrêté et menacé de la transportation à Cayenne. Il obtint sa mise en liberté par l'intervention d'un vieil ami des plus anciens disciples de Saint-Simon, M. Vieillard, qui le fit rendre à sa famille. Il passa les premières années de l'Empire dans les bureaux du *Crédit foncier* où il remplissait un modeste emploi.

Mais ce n'était pas là l'usage naturel des facultés d'un apôtre de la foi nouvelle. Quelque douleur que la plupart des saint-simoniens eussent éprouvée du coup d'État de décembre, elle ne pouvait pas être assez profonde pour les faire renoncer à la mission politique, sociale et religieuse dont ils avaient eu le courage de se déclarer investis à la face des railleurs sceptiques et des persécuteurs fanatiques ou hypocrites. Je pensais, et Guéroult partageait cette conviction, que le citoyen le plus attristé ne devait pas s'abîmer dans son affliction. Nous rappelions aux démocrates qu'il y avait quelque chose d'antérieur et de supérieur aux formes mobiles que revêt le pouvoir; quelque chose qui a droit, sans distinction de régime, au dévouement persévérant des hommes de bonne volonté : *la loi invariable de la perfectibilité humaine*. Tant que cette loi, disions-nous, n'aura pas reçu sa complète application, tant qu'il restera des vices à extirper, des erreurs à dissiper et des misères à éteindre, celui-là sera sans excuse qui abandonnera l'atelier intellectuel, quittera la voie apostolique et refusera de s'associer au mouvement politique de son temps, parce que des changements, contraires à ses vues et à ses préférences personnelles, se seront accomplis, ou dans le mécanisme des institutions, ou dans le nom des gouvernants.

Plein de cette pensée, Guéroult s'efforçait de la mettre en pratique en saisissant chaque occasion qui s'offrait à lui d'exprimer son opinion sur les incidents du monde politique, philosophique ou religieux, qui éveillaient l'attention publique. Quand le cadre des journaux et des revues ne lui suffisait plus, il publiait des brochures. Mais ce qu'il fallait à l'ampleur de son talent, à la puissance de sa plume, à la portée lointaine de ses aspirations et de sa perspicacité, et à son esprit de prosélytisme, c'était la rédaction en chef d'un grand journal quotidien. Les événements préparaient cette bonne fortune à l'ardeur oisive du propagandiste : il fut appelé, en 1858, à la direction politique de la *Presse*.

L'année 1858 s'ouvrit sous de funestes auspices, par l'attentat d'Orsini. Les auteurs de la nouvelle machine infernale ayant ensanglanté les rues de Paris sans atteindre leur but politique, la loi de proscription que le gouvernement impérial fit peser sur l'universalité des français pour punir le crime de ces trois ou quatre Italiens, nous amena, Guéroult et moi, à dire à de hauts personnages que si les conspirateurs avaient manqué *l'Empereur*, les mesures prises contre la conspiration pourraient bien tuer *l'Empire*. Le mouvement d'impopularité que la législation réactionnaire provoqua contre le pouvoir fut en effet si rapide et devint si menaçant que le général-ministre, en qui l'esprit de la nouvelle administration intérieure se personnifiait, fut obligé de se retirer au bout de quelques mois pour céder son portefeuille à un homme moins agressif et plus avisé.

D'un autre côté, le chef de l'Etat, échappé, comme par miracle, aux bombes italiennes, paraissait avoir été assez vivement impressionné par la lettre d'Orsini (lue en pleine audience par l'avocat de ce principal conjuré avec l'autorisation souveraine du destinataire) pour faire croire qu'il n'était pas éloigné de revenir au dessein généreux qu'il avait caressé dans sa jeunesse en faveur de l'Italie. Dès ce moment, des bruits de guerre commencèrent à se répandre : Guéroult les accueillit avec empressement, en champion résolu de la cause des peuples, en vrai disciple du philosophe qui avait écrit, en 1814, le projet de réorganisation européenne. La *Presse*, sous sa direction, devint l'organe quotidien et belliqueux des nationalités opprimées. Quels que fussent les griefs personnels que pouvaient entretenir en lui les souvenirs du 2 décembre contre le régime impérial, il ne craignit pas de donner hautement, dans son journal, des avertissements et des conseils à l'empereur Napoléon III, pour l'encourager à mettre en pratique le plus tôt possible la politique libératrice dont on le supposait préoccupé. En élevant ainsi l'intérêt et le développement du progrès général et de la civilisation universelle au-dessus des haines et des luttes de parti, Guéroult ne faisait que rester fidèle à son idéal religieux, à la doctrine qu'il professait depuis 1830.

Les réceptions officielles du jour de l'an mirent bientôt en évidence la pensée intime de l'empereur. Le 3 janvier 1859, Enfantin écrivait à Arlès-Dufour : « Ce soir, grand émoi à la Bourse. L'Empereur aurait dit à M. de Hubner: *Je regrette que votre gouvernement ne s'entende pas mieux avec nous.* »

Guéroult alla aux informations auprès des personnes bien posées pour apprécier la portée de ces paroles grosses d'orage. Le 7 janvier, Enfantin reprenait la plume pour dire à son ami de Lyon : « Guéroult, qui croit toujours à la guerre, a fait hier une visite d'où il est sorti plus que croyant. »

La *Presse* triomphait. Guéroult constatait et légitimait chaque jour, avec une nouvelle ardeur, le mouvement des esprits en faveur de l'indépendance italienne. La *Presse* attira bientôt dans sa voie les *Débats* et le *Siècle*, et Enfantin put écrire encore dès le 26 janvier, à Arlès : « Vous avez pu lire avec plaisir le petit article de Guéroult sur les grands articles de Sacy et d'Havin ; ces deux grands articles étaient d'ailleurs très-curieux, comme *avances vers la solution-guerre*. »

Mais l'entourage de l'Empereur, qui devait lui être plus tard si fatal, provoqua et obtint des mesures qui avaient l'apparence d'une reculade. Un avertissement fut donné à la *Presse*, et, chose singulière ! cet acte fut signé par un fonctionnaire qui avait dîné la veille avec Guéroult chez Enfantin, ce qui fit dire à celui-ci dans une lettre du 17 février : « Cette tactique me paraît digne de remarque, car l'article averti n'est pas plus vif que tous les précédents, et même que le bulletin du jour. Ce qui annoncerait donc un *recul apparent*. La *Presse* me semble destinée à recevoir des coups dans cette bagarre diplomatique. » Et le lendemain, Enfantin ajoutait : « Ne comptez pas pour grand' chose l'avertissement à la *Presse*, ce n'est qu'une tactique de nécessités diplomatiques. Les chants de guerre ou du moins d'attente de guerre sont toujours les mêmes. » Et douze jours après, le 1er mars, l'amphytrion du signataire des avertissements et du rédacteur en chef de la *Presse* mandait à son correspondant de Lyon : « Toujours à la guerre, cher ami ; le dernier article de Guéroult est bien curieux. — Attention ! »

Mais la dissimulation politique ménageait encore des jours d'espoir aux haussiers de la Bourse et à la coterie conservatrice de la cour. Le *Moniteur* du 5 mars donna un démenti aux feuilles belliqueuses et désespéra momentanément les partisans de l'indépendance italienne. « Heureusement pour Guéroult, dit alors Enfantin (lettre du 5 mars), qu'il n'est plus dans l'arène, il aurait reçu les éclaboussures de la reculade. » Guéroult venait en effet d'abandonner la rédaction de la *Presse* dont la propriété était tombée en de nouvelles mains. Mais, en se retirant, il garda une bonne part de l'influence morale que ce journal avait exercée sur le monde politique, et il put s'attendre à trouver un public tout prêt à le lire avec empressement et avec sympathie, le jour où la direction d'une autre feuille lui serait confiée.

C'est que Guéroult ne s'était pas appliqué seulement à sonner l'heure des combats et à presser la délivrance des races asservies. Il s'était imposé en même temps et il avait rempli, avec toute la puissance et tout l'attrait de sa vive et lumineuse polémique, une tâche non moins importante et non moins urgente pour les amis de l'humanité : la poursuite graduelle et pacifique d'un meilleur sort pour les classses vouées à l'ignorance et à la misère. A cet effet, il saisit toute occasion d'aborder les questions d'économie politique et sociale, et il ouvrit largement les colonnes de la *Presse* à ceux de ses anciens coreligionnaires qui eurent des articles à publier sur le développement ou l'application de la doctrine saint-simonienne. C'est ainsi qu'en août 1858 il inséra dans son journal une longue lettre d'Enfantin sur les prix proposés par l'Académie des sciences morales et politiques, et dans laquelle l'ancien chef du saint-simonisme le félicitait en ces termes de l'apparition du programme académique :

« Mon cher Guéroult,

« L'Académie des sciences morales et politiques me paraît mériter au plus haut point l'éloge et la reconnaissance publique pour la direction qu'elle cherche à donner ainsi aux esprits élevés et aux cœurs généreux de notre époque. Elle répond de la manière la plus claire aux attaques aveugles ou intéressées des esprits rétrogrades . . . . Elle proclame ouvertement qu'elle considère l'élévation du *bien-être matériel des classes peu aisées* et leur développement *intellectuel*, non-seulement comme des moyens puissants d'élévation du niveau de la MORALITÉ humaine, mais aussi comme des conséquences forcées, nécessaires, logiques et providentielles de la marche naturelle de la civilisation, telle qu'elle est manifestée par l'histoire.

« La *Presse* ne saurait trop approuver et mettre en lumière de pareilles doctrines, lorsqu'elle a le bonheur de les voir consacrées et professées par le corps spécialement constitué pour diriger et modérer en même temps le travail et le mouvement intellectuel. »

Je me souviens avoir profité moi-même de l'hospitalité donnée par Guéroult, dans la *Presse*, aux idées saint-simoniennes. Un passage des mémoires de M. Guizot m'avait appris que la question sociale, qui menaçait déjà d'embraser le monde, était considérée par Robert Peel, comme *l'idée dominante de l'avenir*, et que ce grand homme d'état, appelant un jour l'attention de l'ambassadeur français sur la situation misérable des masses ouvrières, lui avait adressé ces paroles devenues prophétiques pour la France : « Il y a là trop de souffrance et de perplexité; c'est une *honte*, comme un PÉRIL, pour notre civilisation... » J'entrepris de mettre en évidence, dans deux articles, la vérité et la gravité de cette appréciation aussi redoutable qu'humiliante. C'était un avertissement qui venait d'un tory anglais à l'adresse de nos *conservateurs-bornes*, et qu'il me semblait utile de leur signaler. Ils ont vu depuis fondre sur leurs têtes, comme nous sur les nôtres, l'ouragan prévu par Robert Peel, et ils n'en sont pas moins sourds ni moins aveugles qu'auparavant, sous le poids de la honte et du péril de notre civilisation,

En quittant la *Presse*, au moment où ses aspirations guerrières et libérales allaient recevoir un commencement de satisfaction, Guéroult ne cessa pas de s'associer ardemment au mouvement belliqueux qu'il avait tant contribué à imprimer aux esprits. Sa préoccupation constante fut de retrouver ou de fonder un nouvel organe quotidien pour continuer sa mission émancipatrice en faveur des races et des classes souffrantes.

A dater du 15 mars 1859, nous nous réunîmes régulièrement chaque semaine avec Guéroult et un de nos anciens amis de 1830, pour préparer et presser cette fondation. Les difficultés étaient nombreuses. Pauvres et socialistes, nul de nous n'était en position de regarder comme facile et certaine une création qui exigeait un capital plus ou moins considérable et l'autorisation d'un gouvernement dont les ministres n'étaient pas ordinairement enclins à favoriser même le *bon socialisme*. Aussi Guéroult fut-il condamné à tenir sa plume au repos, tandis que l'Empereur, proclamant qu'il allait rendre la liberté à l'Italie, *des Alpes à l'Adriatique*, était porté avec enthousiasme par le flot populaire, des Tuileries à la gare de Lyon ; tandis encore que les armées françaises promenaient leur drapeau libérateur des bords du Tessin à Solférino, et que la diplomatie impériale du quartier général, trop impatiente d'en finir, écourtait à Villafranca le programme des promesses faites solennellement aux peuples de la Péninsule, à l'ouverture de la campagne.

Mais Guéroult, silencieux devant le public, n'en suivait pas moins avec intérêt, avec passion, le cours des événements qui s'accomplissaient en Italie. La paix de Villafranca nous apparut à l'un et à l'autre comme une déception, et je me souviens que l'un de nous s'écria à cette nouvelle : « Il me semble voir l'Empereur tomber du haut de la colonne Vendôme. » Nous étions impatients d'avoir des renseignements explicatifs de ce traité inattendu. Guéroult en demanda et en obtint à bonne source.

Voici ce qu'il put m'apprendre à la suite des communications qu'il reçut :

« La paix avait été ce que l'on pouvait faire de mieux, étant donnée la situation de l'armée, exposée à rester pendant plus d'un mois les bras croisés ; fatiguée, décimée, brûlée par une température de 42 degrés, et manquant de parcs de siége pour entreprendre la conquête du quadrilatère. L'Allemagne gallophobe et l'Italie radicale inquiétaient d'autant plus l'Empereur qu'il n'y avait rien de prêt pour cette seconde partie de la campagne. On regardait si bien la paix comme une nécessité pour la France que la cession de la Lombardie ne fut même arrachée à l'Autriche que par une ténacité qui n'avait pas été imposée au négociateur. La cause de l'Italie était du reste gagnée, si les Italiens savaient le comprendre. On était furieux au Vatican; on prévoyait bien que le Pape allait perdre les légations. »

Cette perspective d'une satisfaction plus ample promise aux unitaires italiens ne fit que rendre plus vif le désir de Guéroult d'avoir une tribune à sa disposition pour combattre incessamment la redoutable coalition des adversaires que devait rencontrer inévitablement l'unification italienne. Enfin, peu après la paix de Villafranca, en août 1859, il put fixer au 1er septembre l'apparition de son nouveau journal sous ce titre : l'*Opinion nationale*.

Un jour toutefois, il se crut menacé d'une déception. Quand il se présenta au ministère de l'intérieur pour y recevoir l'autorisation officielle qui lui avait été promise, on lui demanda en échange de signer une démission anticipée qui mît la destinée du journal à la discrétion du ministre. Guéroult refusa nettement d'accéder à cette violation de la maxime : *donner et retenir ne vaut*. Les garanties de servilité exigées de lui par ceux dont il voulait être libre de contrôler les actes, heurtaient trop directement l'indépendance de son caractère. Heureusement, l'intervention d'un haut et vénérable personnage, le dernier frère de Napoléon, alors influent dans les conseils de la régence, vint dispenser Guéroult de se soumettre au joug de la tradition machiavélique, et le journaliste qui avait la prétention de remplir un devoir de citoyen et de faire une œuvre d'apôtre, put commencer sa tâche quotidienne avec la pleine liberté de sa plume comme de ses convictions.

Telle fut l'origine du bruit injurieux que les ennemis de Guéroult ont propagé, cultivé, exploité, pendant douze ans, pour faire considérer le journaliste, si ferme et si prévoyant gardien de son indépendance, comme l'*homme-lige* du Palais-Royal, parce qu'il était devenu l'ami d'un prince, ami lui-même des sciences et des lettres, et partisan énergique des doctrines libérales et démocratiques, aussi bien que de la grande cause des nationalités. La rencontre sympathique, sur le terrain des intérêts généraux, de deux esprits supérieurs, également indépendants et attachés aux principes de la Révolution française, n'avait rien sans doute qui pût impliquer la subordination de l'un à l'autre. Mais les gens de cour, que l'influence de cette indépendance respective du prince et du journaliste importunait et offusquait, persistèrent à l'interpréter dans un sens blessant pour l'écrivain, afin d'affaiblir la portée de sa redoutable polémique.

L'expérience seule pouvait démentir la malveillance, comme elle l'a fait, en mettant en évidence la véritable nature des rapports politiques existant entre le rédacteur en chef de l'*Opinion nationale* et les hôtes du Palais-Royal et des Tuileries.

Dès les premiers numéros, le nouveau journal s'annonça comme l'organe d'une opposition antisystématique et purement rationnelle. Invoquer, appuyer, défendre et propager ce qui était favorable au progrès universel; dénoncer, flétrir et combattre la persistance de l'esprit rétrograde, sous toutes ses formes, soit dans les partis arriérés, soit dans les pouvoirs fourvoyés, telle fut la tâche que Guéroult s'imposa et qu'il remplit courageusement dans les jours les plus difficiles, sous la tyrannie du Comité central et de la Commune, comme sous l'absolutisme impérial et l'entraînement réactionnaire de l'Assemblée de Versailles. Mais je ne dois pas anticiper.

A Villafranca, l'Empereur avait reculé devant les menaces de la coalition germanique, et aussi par peur de la révolution européenne qu'il avait déchaînée en Italie et dont il redoutait les développements ultérieurs.

Guéroult caractérisait sévèrement ce mouvement en arrière, qui changeait en brusque désillusionnement l'enthousiasme populaire des premiers jours de la campagne d'Italie; et il prédisait à l'Empire le retour et les périls de l'impopularité provoquée en 1858 par la loi de sûreté générale, si le gouvernement, après avoir laissé l'indépendance italienne inachevée, persistait, à l'intérieur, dans sa politique aristocratique et cléricale. Il fallait s'appliquer à faire autre chose que des ducs et des moines pour maintenir son autorité à la hauteur des aspirations, des lumières et des besoins de son temps et de son pays ; il fallait ne pas mettre systématiquement en suspicion les hommes et les idées de progrès et faire prédominer, dans la direction des affaires publiques, les classes et les doctrines de la réaction. C'étaient les avertissements que Guéroult donnait chaque jour au pouvoir dans l'*Opinion nationale*, et qu'il allait répéter de vive voix, en les accentuant en toute franchise, à ceux-là mêmes que la loi exceptionnelle alors en vigueur armait du privilége *d'avertir* les journaux comme premier moyen de les *punir*.

Dès 1861, les conservateurs monarchiques et ultramontains s'agitaient tellement sans cacher leurs desseins et leurs espérances, qu'ils étaient parvenus à faire considérer comme possible et prochain le triomphe de la fusion royaliste. Dans les premiers jours d'octobre de cette année, Guéroult exposa cette situation au prince Napoléon qui arrivait d'Amérique et qui fut très-frappé de l'état des esprits et du mouvement des partis. J'avais reçu moi-même à cette époque, d'un ancien membre de la Montagne à l'Assemblée législative, une lettre où la politique intérieure du gouvernement était caractérisée en ces termes : « Pour ne rien laisser à désirer à la fusion de ce qu'il peut faire pour elle, il lui abandonne avec un soin merveilleux toutes les positions de l'Etat, depuis la moindre jusqu'à la plus élevée. On ne saurait avoir plus de charité ; il est probable qu'on en obtiendra la récompense sans même attendre le jour du royaume des cieux. »

Quand je communiquai au rédacteur en chef de l'*Opinion nationale* ce renseignement si profondément sérieux par son côté prophétique quoique plein d'ironie dans sa forme, Guéroult me demanda de lui confier la lettre de mon ami pour en donner connaissance aux personnages haut placés dont il s'efforçait d'attirer l'attention sur les dangers que l'Empire se créait à lui-même par sa politique indécise au dehors et illibérale autant que partiale au dedans, au profit des anciens partis dont l'ingratitude n'en était pas moins flagrante. Ayant peint très-énergiquement cette situation périlleuse à M. de Persigny, dans les derniers mois de 1861, il déclara au ministre que la ligne oblique suivie par le gouvernement devait éloigner de lui tous les esprits indépendants et impartiaux de la presse libérale ou démocratique, et qu'il éprouverait personnellement une répugnance invincible à prendre jamais la défense d'un système qui, loin de se défendre lui-même, se livrait, pieds et poings liés, à ses ennemis, sans rien faire ou sans rien achever de ce qui pouvait lui créer d'innombrables amis dans les masses populaires.

Peu de jours après, Guéroult abordait M. de Morny avec le même cri d'alarme qu'il avait poussé et développé chez M. de Persigny : « Nous voilà revenus à 1847, » lui dit-il en l'approchant. — « Bah ! répondit M. de Morny d'un ton stupéfait et légèrement sceptique, nous n'en sommes pas là à coup sûr. » Cependant, le président du Corps législatif, après avoir entendu les explications du journaliste, convint qu'elles avaient du vrai, et que la question romaine notamment languissait un peu trop. Mais cette lenteur était due à des interventions de cour et de sacristie. M. de Morny ne dit que quelques mots sur les premières ; M. de Persigny, dans un nouvel entretien avec Guéroult, fut plus explicite sur les secondes, c'est-à-dire sur l'influence souterraine et redoutable de l'association cosmopolite qu'on a placée sous l'invocation d'un grand saint et qu'on a pu appeler depuis *l'Internationale noire*. Dès son premier ministère, il avait préparé la circulaire sur la société de Saint-Vincent de Paule; mais on l'entoura, on le pressa, pour obtenir de lui l'ajournement de cette mesure. Il céda, et une commission composée de MM. Troplong, Baroche, Delangle, etc., fut chargée d'examiner la question. Pendant cette étude, les chefs du parti clérical, influents à la cour, se jetèrent tellement à la traverse que le ministre fut obligé de quitter le poste. « Cette fois encore, ajouta M. de Persigny, on voulait que j'ajournasse, je n'ai pas voulu, *je savais que cela pressait.* Non, non, ai-je dit aux temporiseurs, *je ne veux pas leur donner le temps de m'exécuter.* » Le ministre compléta sa confidence en disant qu'il possédait les plus amples renseignements et qu'il n'en avait pas fini avec ce monde-là par sa circulaire. Malheureusement ce monde-là n'en avait pas fini lui-même avec le monde moderne ni en France, ni ailleurs, et la confidence du ministre de l'intérieur de 1861 reste toujours comme une leçon politique d'utilité actuelle pour son successeur de 1872.

Les bonapartistes les plus sincères, les plus dévoués et les plus intelligents partageaient alors les tristes prévisions de Guéroult sur la destinée du régime impérial. L'un des plus sages et qui confondait dans ses affections la famille de Napoléon et la démocratie, M. P...., un des préparateurs actifs de l'indépendance italienne en 1858 et de l'annexion de Nice et de la Savoie à la France un an après, P...., sénateur, exprimait à Guéroult, à la fin de 1861, les appréhensions que lui causait l'attitude irrésolue du gouvernement en face des agitations, des intrigues et des audaces des légitimistes, des orléanistes et des cléricaux, maîtres à peu près de toutes les hautes positions civiles, militaires et ecclésiastiques, et il résumait sa pensée douloureuse en ces termes : « Du train dont vont les choses, si l'on ne change pas de système et d'hommes, c'en est fait de l'ordre actuel avant un an. » C'était un peu exagéré, mais le péril était réel.

L'Empereur avait paru disposé à prévenir cette catastrophe par quelques améliorations dans le mécanisme constitutionnel, mais il avait conservé dans ses conseils des défaillances intéressées dont l'influence délétère se faisait toujours sentir. En mars 1862, Guéroult eut une nouvelle et longue conversation à ce sujet avec M. de Persigny qui croyait, lui, et espérait encore, contrairement à l'opinion de son interlocuteur, en la volonté ferme et libérale de l'homme qui avait écrit de si belles pages en faveur des classes ouvrières et des nationalités opprimées. Un diplomate de l'Empire, venu récemment de Rome, partageait alors la confiance du ministre de l'intérieur, et il raconta à quelqu'un lié avec Guéroult, que cette confiance lui ayant permis de dire au cardinal Antonelli que la restauration du pouvoir temporel n'était qu'une illusion, le premier ministre de Sa Sainteté avait répondu : « Il ne crèvera donc jamais, cet . . . ! » Les partisans du *pape-roi* se donnaient dès lors rendez-vous sur la tombe de Napoléon III. Cela nous explique leurs menées souterraines aussi bien que leurs agitations bruyantes d'aujourd'hui sur la tombe politique du potentat. A la République donc à se tenir sur ses gardes !

A cette époque, l'Empereur laissait croire par ses interpellations, dans l'intimité, aux plus pénétrants de ses amis qu'il n'avait pas en la destinée toute la confiance qu'il pouvait témoigner en conseil des ministres. Il parut, dans un entretien tout à fait familier sur l'état des esprits et dont Guéroult eut connaissance, il parut sérieusement inquiet de l'avenir. Jamais en effet les sombres prévisions et les menaces de chute prochaine n'avaient été plus activement propagées. A voir le chemin que le chef de l'Empire laissait faire aux mauvaises passions de ses ennemis et aux mauvaises suggestions de ses inintelligents amis, on le supposait somnolent et comme atteint d'une prostration complète. Il y avait donc urgence à faire quelque chose de saisissant dans le sens national et populaire, à contremander les dotations héréditaires et les surtaxes sur le sucre et le sel; urgence surtout à en finir avec les incorrigibles de Rome et les aventures du Mexique, et à faire cesser une indécision qui faisait l'espoir et l'audace de tous les partis extrêmes. Quelques ministres, assurait-on, MM. Persigny, Billault, Thouvenel, Fould, tous les ministres qui comprenaient les dangers et les exigences de la situation, parlaient de donner leur démission, pour faire sentir à l'Empereur la gravité des circonstances. On attendit en vain pendant plusieurs semaines la réalisation de cette retraite simultanée de la majorité du cabinet. Rien ne se fit : les ministres gardèrent leurs portefeuilles, et l'Empereur sa somnolence. Ce fut sur ces entrefaites qu'un de nos anciens amis, nous ayant rencontré, Guéroult et moi, nous jeta à la face, en nous abordant, cette apostrophe originale : « Est-ce que l'Empereur *s'affaisse* ou *s'amuse?* — Il *s'affaisse*, répondit vivement Guéroult, comme je le dis depuis un an aux personnages les plus éclairés de son entourage. » Pour moi, je n'étais pas édifié sur cet affaissement autant que Guéroult, quoique sa politique somnolente me causât bien quelque impatience. Notre ami fut de mon avis.

Sa présomption désespérante au sujet de l'Empereur, Guéroult continuait de la dire et de la développer aux hommes d'Etat de l'Empire. A la mi-novembre de l'année 1862, M. Fould lui ayant demandé ce qu'il pensait de la situation, il lui répondit crûment: « *Ceci sent le cadavre.* — Vous exagérez, répliqua le ministre; je sais bien qu'il y a beaucoup à dire, je n'approuve pas toute la politique de l'Empereur, mais nous n'en sommes pas là où vous croyez. — S'il n'y a pas un changement de système, reprit Guéroult, quelque chose qui annonce qu'on est fermement résolu à aller franchement de l'avant, l'Empire est perdu. » Et Guéroult disait tout cela plutôt en auxiliaire possible et en démocrate déçu qu'en ennemi decidé et satisfait.

Dans le courant de la même année, Guéroult avait passé trois semaines en Italie où il avait été parfaitement accueilli par les personnages les plus considérables du parti national, Garibaldi, Ratazzi, etc. ; voici en quels termes il faisait le portrait de Garibaldi, qu'il appelait le *Pierre l'Ermite du XIXe siècle* : « Artiste, inspiré, physionomie angélique, douce et sublime, parole pleine d'onction, sans prétention au rôle d'homme d'Etat, ayant assez de haute raison pour comprendre la grande politique du bon sens quoique poussé par tempérament à la politique d'action et d'entraînement. »

Guéroult était revenu de Turin avec l'ambassadeur français qui se trouva en complet accord avec lui sur la nécessité et l'urgence de résoudre la question romaine par un prompt rappel de nos troupes. A son arrivée à Paris, il revit M. de Persigny qui regardait ce rappel comme prochain.

Vers la même époque, nous étant rencontrés avec Duveyrier chez Guéroult, celui-ci, toujours pénétré de plus en plus de l'affaissement de l'Empereur et de l'imminence d'une révolution radicale, pour bien nous camper sur la violence du mouvement qui agitait les esprits, nous raconta qu'un démocrate de l'école de l'ancien *National* lui avait parlé sérieusement de la candidature du duc d'Aumale pour la présidence de la République. « Cette candidature est drôle, ajouta Guéroult, mais la manière dont on l'explique ne l'est pas moins. — Le duc d'Aumale, dit-on, voyant que son neveu n'est pas de force à porter le poids d'une restauration orléaniste, s'est fait franchemeut *républicain.* » Il y a dix ans que cela fut dit, et chaque mot semble porter la date d'hier, tant la phrase entière se rapporte encore à la nouvelle du jour.

Mais le pessimisme dont Guéroult se faisait reprocher l'exagération par les conseillers éminents du pouvoir personnel ne lui faisait rien perdre de l'activité de son civisme ni de son ardeur d'apôtre dans la défense du progrès politique et social. Plus il était persuadé que l'Empereur, ne voulant, ou ne pouvant plus rien faire pour la liberté des peuples et pour l'élévation morale, intellectuelle et matérielle des travailleurs, s'acheminait rapidement vers l'abîme, et plus il apportait de sollicitude et de zèle à la recherche des moyens d'empêcher le pire de succéder au *mal:* en d'autres termes, plus il considérait la dictature impériale comme mourante, faute d'avoir suivi avec franchise, avec persévérance et avec sagesse le mouvement progressif imprimé au monde moderne par le XVIIIe siècle et la révolution française, et plus il s'efforçait, dans sa polémique journalière, de faire prévaloir les principes de la démocratie et du socialisme conciliables avec l'ordre et la liberté, et seuls assez puissants désormais pour garantir à la fois la France contre le retour de l'*anarchie* et contre le triomphe final de ce qu'on a appelé depuis la *réaction rurale et cléricale.*

Cette polémique indépendante prenait souvent un caractère hostile, au grand déplaisir des ministres avec lesquels Guéroult entretenait d'ailleurs de bons rapports. Quand M. Thouvenel, dont l'attitude énergique dans les affaires de Rome avait déplu au parti clérical, fut obligé de céder la place à M. Drouyn de Lhuys, au ministère des affaires étrangères, l'*Opinion nationale* publia une série d'articles violents de son rédacteur en chef contre les tendances rétrogrades de la politique impériale en Italie. Les rigueurs exceptionnelles de l'arbitraire ministériel alors légalisé ne furent pas épargnées à la feuille impitoyable pour le pouvoir temporel du pape comme sans égard pour le pouvoir personnel de l'Empereur. Le 8 décembre

1862, l'*Opinion nationale* reçut un avertissement.

Huit jours après, Guéroult ayant rencontré M. de Persigny, celui-ci lui adressa le reproche de donner des embarras extrêmes et de perpétuels soucis aux ministres de nuance libérale. « Je lis toujours avec plaisir vos articles, lui dit-il, ils sont bien écrits, ils renferment certainement des critiques justes et auxquelles j'applaudis. Mais vous vous méprenez sur le vrai caractère de la politique de l'Empereur qui veut toujours ce qu'il a voulu et ce que vous poursuivez, et qui se croit obligé seulement de garder des ménagements envers le pape. Il voudrait que Victor-Emmanuel reconnût le principe du pouvoir temporel de la papauté, et, cette reconnaissance faite, la France retirerait ses troupes de Rome et laisserait la parole aux événements. »

Guéroult fit remarquer au ministre que ce programme imposait une déclaration impossible au roi d'Italie après le vote du parlement, et de plus qu'il ne tromperait ni le pape ni les papistes de France et du monde catholique entier sur l'abandon *dissimulé* de la *sainte* cause par la France impériale. Malheur à la politique qui n'ose pas s'avouer ! Elle finit toujours par mécontenter tout le monde, par n'avoir plus personne pour elle.

Cependant on signalait dans l'intimité, en haut lieu, quelques symptômes qui justifiaient la confiance de M. de Persigny. Guéroult, qui en fut averti, témoigna que son hostilité n'était pas systématique et qu'il serait tout prêt à appuyer le gouvernement impérial s'il pouvait s'assurer auprès de l'Empereur lui-même qu'il était franchement résolu à entrer dans la voie progressive. Mais d'autres symptômes moins encourageants survinrent bientôt, et, quand un des premiers hommes d'Etat de l'Empire, encore vivant, demanda au journaliste impartial s'il avait cherché à voir l'Empereur, le journaliste répondit qu'il s'était abstenu de demander une audience parce qu'il n'avait pas foi en Sa Majesté. Ce défaut de confiance en Napoléon III n'empêchait pas l'infatigable champion des nationalités d'encourager le potentat dans les dispositions guerrières qu'on lui supposait en faveur de la Pologne et dont Guéroult avait été informé, vers le milieu du mois de mai 1863, par un des membres les plus influents du cabinet, alors partisan lui-même de l'affranchissement de la Pologne, mais qui appréhendait le goût des annexions rhénanes qui pouvait en surgir et provoquer une nouvelle coalition contre la France. Un autre ministre, M. Fould, reprocha au contraire à Guéroult, à la même époque, ses sympathies trop vives et ses articles belliqueux en faveur de la cause polonaise.

Paris donna bientôt un éclatant témoignage d'adhésion à la politique de l'*Opinion nationale*, en nommant son rédacteur en chef député au Corps législatif, contre des concurrents de nuances diverses, MM. Cochin, Prévost-Paradol et le candidat officiel.

Justement fier de ce succès, Guéroult fut curieux d'apprendre par lui-même comment le ministre de l'intérieur, qui était censé diriger les élections, portait le poids de sa défaite. Il trouva M. de Persigny fort attristé, et rejetant la responsabilité de cet échec sur l'entourage aveugle, qui n'avait pas voulu accepter pour la capitale neuf candidatures d'opposition constitutionnelle, ce qui aurait pu faire échouer les candidats d'opposition systématique. Lorsque Guéroult me rapporta cette plainte du ministre contre la camarilla omnipotente, je me souviens lui avoir dit : « Si l'influence de cet entourage continue à dominer dans les conseils du gouvernement, c'en sera bientôt fait de l'ordre actuel et il ne faudra plus qu'un événement naturel ou accidentel, ou une guerre malheureuse, pour que M. Thiers qui dit le premier comme menace : l'*Empire est fait*, puisse venir un jour annoncer avec la même solennité que *l'Empire est défait.* »

Des pronostics moins sombres, des jours meilleurs vinrent pourtant, quelques mois après, relever les espérances des progressistes dominés par la grande pensée de Saint-Simon sur la régénération européenne et qui en attendaient la réalisation par l'initiative pacifique ou guerrière de la France, monarchique ou républicaine.

Dans son discours d'ouverture de la session législative, le 5 novembre 1863, l'Empereur prononça l'oraison funèbre de la vieille diplomatie, l'abolition des traités de 1815, l'urgence d'un congrès pour la préparation d'un pacte nouveau entre les nations modernes et la nécessité d'un désarmement général afin que les fruits du travail des peuples ne fussent plus dévorés par la guerre.

Ce manifeste changea un instant les dispositions pessimistes de Guéroult à l'égard de l'Empereur. L'*Opinion nationale* du 14 novembre reproduisit un passage du livre de Saint-Simon, où le hardi novateur avait prédit la venue d'un prince capable de s'élever à la hauteur où il s'était placé lui-même et assez puissant pour faire des hautes visées du philosophe d'éclatantes réalités politiques et sociales. Enfantin nous avait lu cette page remarquable dans une réunion d'amis, et l'impression qu'elle avait produite en nous avait été telle que je fus entraîné à dire que la prédiction de notre maître était bien près de s'accomplir et que le libérateur de l'Italie, si solennellement engagé désormais envers la Pologne et toutes les nationalités opprimées, m'apparaissait comme un *Saint-Simon à cheval*.

Guéroult garda tout d'abord cette impression favorable à la politique impériale et qui n'était guère partagée alors que par M. Havin, dans le camp de l'opposition où régnait l'hostilité systématique. Mais l'hiver s'étant écoulé sans le moindre symptôme d'une réalisation prochaine des espérances que le discours du 5 novembre avait fait concevoir, le rédacteur en chef de l'*Opinion nationale* fut ressaisi par ses appréhensions désespérantes et publia dans son journal, en avril 1864, quelques articles où la politique et la personne de l'Empereur étaient peu ménagées. Ne partageant pas ce découragement absolu, quoique affligé de l'inaction prolongée du potentat, qui s'était posé, peu de mois auparavant, en régénérateur résolu de la vieille Europe, je témoignai à mon ami le regret que me faisait éprouver la vivacité de ses attaques, et il me répondit un jour, en me citant des personnages politiques, haut placés dans la diplomatie, et qui croyaient comme lui l'Empereur *amoindri, affaibli, en déclin*. Un incident déplorable vint, à cette époque, confirmer Guéroult dans son attitude hostile. Les journaux annoncèrent que l'empereur Napoléon, non content d'avoir abandonné le Danemark, notre plus fidèle allié, avait adressé des félicitations au roi de Prusse sur la prise de Duppel. Ces bruits non démentis achevèrent d'épuiser l'effet passager de l'appel solennel fait avec tant d'éclat à l'Europe pour le desarmement général. L'entourage impérial triomphait, sans s'apercevoir que la triste politique qu'il inspirait faisait la joie des ennemis de l'Empire et poussait à l'hostilité les progressistes impartiaux. Guéroult en vint, à la fin du mois de juin, à signaler une réapparition des *cochers du cirque* et des *eunuques du Bas-Empire*. Le 3 juillet, l'*Opinion nationale* reçut un avertissement pour avoir *calomnié et insulté* le gouvernement de l'Empereur. Guéroult avouait l'*insulte*, mais en protestant contre la *calomnie*. Je le croyais dans l'erreur. Des écrivains en relation avec M. Mocquart m'avaient dit tenir de lui que l'Empereur avait offert aux Anglais son concours pour défendre le Danemark contre la Prusse s'ils voulaient généraliser l'action de cette nouvelle alliance anglo-française et la porter ailleurs, fût-ce en Pologne. Un discours de lord Russel indiqua en effet, à cette époque, qu'il s'était passé quelque chose de semblable entre Paris et Londres. J'en fis la remarque à Guéroult, qui trouva comme moi que c'était trop *gros* pour les *sages* du Foreign-office, et qui en prit occasion d'accentuer de plus en plus ses sinistres prévisions sur le sort du régime impérial, en me rapportant qu'il s'était rencontré peu de jours auparavant dans un salon avec des notabilités civiles et militaires et que tout le monde s'était accordé à dire que l'Empereur n'avait nullement affermi son édifice et que l'œuvre dynastique était toujours à faire. Je ne pouvais pas combattre cette opinion ; je pensais toujours, comme je l'avais dit vingt-cinq ans auparavant en écrivant l'*Histoire de l'Empereur Napoléon*, que *notre siècle est peu dynastique*. Après la chute du premier Empire, la branche aînée des Bourbons, la branche cadette, et le neveu de Napoléon Ier, devaient me confirmer de plus en plus dans cette pensée. En cette année 1864, ne vit-on pas les ministres de Napoléon III reprendre contre MM. Carnot, Garnier-Pagès et leurs amis la politique mesquine et tracassière à laquelle les ministres de Louis XVIII avaient eu recours contre Lafayette, Benjamin Constant et le monde libéral tout entier? Evidemment, l'hérédité, la perpétuité n'existait plus que dans l'aveuglement, dans l'insanité des races trégnanes.

Cependant, un événement, longtemps désiré et indéfiniment ajourné, vint donner une lueur d'espoir au parti de l'avenir. Le traité franco-italien du 15 septembre répondait trop aux aspirations du libéralisme pour ne pas exaspérer les cléricaux. Tout le monde interprétait cette convention dans le sens de l'*Opinion nationale*. C'en était assez pour que Guéroult, qui ne poursuivait que le triomphe d'une idée et non pas l'élévation ou la chute d'un homme, donnât à la polémique un caractère de modération conforme aux circonstances.

Mais cet apaisement, fondé par l'espoir, ne fut pas de longue durée. Une note, émanée du ministère des affaires étrangères, sembla remettre en question ce que l'on aimait à croire résolu par le traité du 15 septembre. La critique de l'*Opinion nationale* reprit bientôt son amertume. Ce fut au milieu de ces variations du baromètre gouvernemental que Duveyrier publia son livre *l'Avenir et les Bonaparte*. Il l'avait communiqué dans un dîner à Guéroult ainsi qu'à Jourdan et à moi. Ces deux amis avaient trouvé ce travail remarquable en ce qu'il définissait très-bien les conditions nécessaires du gouvernement dans l'avenir ; mais ils ajoutaient : « Duveyrier croit ces conditions possibles avec les Bonaparte, et nous (Guéroult et Jourdan) nous ne le croyons pas. »

C'est à ce dîner que Duveyrier dit à Guéroult : « L'Empereur rend hommage à votre talent, mais il a dit aussi que la lecture d'un de vos articles sur le Mexique lui avait fait croire que vous étiez un *mauvais citoyen*. » Guéroult répondit en souriant : « Il a voulu dire sans doute *mauvais impérialiste*, et je ne m'en défends pas.

Dans le courant de l'année 1865, le *Moniteur* publia un rapport du ministre de l'instruction publique à l'Empereur sur les avantages et l'opportunité de l'*enseignement gratuit et obligatoire*. Les *conservateurs-bornes*, ralliés et non ralliés à l'Empire, poussèrent à l'unisson un cri formidable de réprobation contre M. Duruy. MM. Rouher et de Falloux se retrouvaient d'accord comme aux plus beaux jours de la rue de Poitiers pour honnir le ministre novateur dont le rapport resta lettre morte. Guéroult m'assura pourtant, comme le tenant d'une personne très-accréditée auprès de l'Empereur, que Sa Majesté avait apposé son visa et son approbation sur une épreuve de l'œuvre ministérielle, ce que le ministre avait omis dans la publication du *Moniteur*. La volonté suprême avait donc capitulé devant quelque influence fatale ! Guéroult y voyait une nouvelle manifestation du déclin qu'il signalait depuis longtemps.

En 1866, survint la guerre d'Allemagne entre l'Autriche et la Prusse. L'*Opinion nationale* pressa le cabinet français de mettre à profit cette lutte des deux grandes puissances de la Germanie, soit en faisant rendre Venise à l'Italie, par la cour de Vienne, soit en négociant à Berlin, pour la restitution sur le Rhin des places fortes que la France possédait avant 1789 et que les traités de 1815 lui avaient enlevées. La persistance du cabinet autrichien, vassal alors du Saint-Siége, à garder la Vénétie, tant qu'il n'y fut pas contraint par les désastres de ses armées, fit incliner la démocratie française vers celui des belligérants qui représentait le mieux l'esprit moderne, le libre examen, et qui démolissait le vieil édifice féodal de la Germanie, pour lui substituer l'unité allemande dont les fondateurs, rois ou ministres, tous également mortels et bénéficiaires passagers, pourraient jouir et se glorifier un moment, mais qui devait, un peu plus tôt ou un peu plus tard, appartenir définitivement à la démocratie germanique, comme partie intégrante des États-Unis de l'Europe.

Après la cession de la Vénétie, par la cour de Vienne, non pas à l'Italie mais à la France, pour que cette dernière puissance en disposât de manière à détacher le cabinet italien de l'alliance prussienne et à engager l'empereur Napoléon dans un conflit avec la Prusse, des cris de guerre contre les vainqueurs de Sadowa partirent du camp des cléricaux et des royalistes, si pacifiques la veille. « En s'alliant à l'Autriche, comme le lui conseillent les cléricaux et les royalistes de toutes nuances, disait Guéroult dans l'*Opinion nationale* du 11 juillet, la France se lancerait dans une carrière semée de périls, hérissée d'obstacles, où elle rencontrerait devant elle l'Allemagne entière, et où tous les intérêts pacifiques viendraient s'engloutir, sans raison, sans excuse, sans prétexte. Tous ces amis de la paix convertis à la guerre montrent trop visiblement le bout de l'oreille. L'opinion ne les suivra pas. « Guéroult exprimait aussi dans cet article l'espoir qu'*une entente facile mettrait naturellement dans les mains de la France les compensations auxquelles elle avait droit*, et je disais ensuite moi-même dans l'*Opinion nationale* du même jour : » Il ne faudrait pas que dans l'ivresse du triomphe, un homme d'Etat se fit hardiment révolutionnaire pour écarter les traités de 1815 là où ils gênent l'agrandissement de son pays, et qu'il prétendît ensuite les maintenir strictement obligatoires pour telle autre nation dont ces traités détestables ont iniquement dépécé le territoire et rétréci les frontières. »

Ce fut là précisément, ce que M. de Bismark prétendit faire en 1867 dans la question du Luxembourg. Quand cette question fut soulevée, l'orléanisme pur et la fusion, mettant à profit le mécontentement provoqué par la politique inerte et indécise de l'Empereur, étaient parvenus à faire considérer comme prochaine la chute de l'Empire. Tel était l'état des esprits, dans les premiers jours du mois de mars de cette année, qu'un haut fonctionnaire, sincèrement attaché à la famille Bonaparte et à la cause de la démocratie, fit à Guéroult cette confidence : « J'ai dit à l'Empereur que les aspirations populaires étaient encore *libérales*, mais que, si on tardait à les satisfaire, elles deviendraient bientôt *révolutionnaires.* » Ces paroles furent prononcées en présence d'un éminent magistrat qui devait, quatre ans plus tard, tomber victime des *aspirations revolutionnaires* poussées jusqu'à la sauvagerie, le président Bonjean.

La Prusse, enhardie par les dangers de l'Empire, se montrait de plus en plus résolue à faire entrer le duché de Luxembourg dans la Confédération germanique, et la France semblait n'y pas prendre garde. Cette attitude exaspérait Guéroult. Il prépara là-dessus un article comme il savait les faire, clair, précis, finement mordant pour insinuer que le chef de l'Etat, plongé dans l'irrésolution et l'impuissance, était devenu incapable de gouverner. Lui ayant fait quelques observations sur cet excès de pessimisme que j'étais loin alors de croire fondé, il me répondit que la France ne pouvait faire la guerre à la Prusse qu'après s'être débarrassée du gouvernement qui ne savait et ne voulait rien faire, que *la République était mûre*, et que des hommes comme Lambrecht et autres députés de la même nuance se ralliaient à cette idée. J'obtins cependant que l'article dont je redoutais la publication fût communiqué à une personne dont le jugement pouvait fortifier le mien auprès de Guéroult, et l'article ne parut pas. Cela se passait le 13 avril, et, le 15, Guéroult, qui devait se croire bien informé, m'apprenait que l'Empereur s'était enfin décidé à la guerre, en dépit des frondeurs de toutes couleurs. « Mais on n'est pas prêt, tant s'en faut, me dit-il; heureusement la France peut presser ou ralentir les négociations selon ses convenances pour l'évacuation de la forteresse de Luxembourg par les Prussiens. » Le prince Napoléon, qui était parfaitement instruit de la situation militaire des deux Etats, trouvait que c'était une grosse partie à engager. Les Prussiens étaient prêts, eux, et nous ne l'étions pas.

L'effet moral des dispositions belliqueuses qu'on attribuait à l'Empereur produisit du reste, à l'intérieur, une impression favorable à l'ordre établi, et on parla beaucoup moins dans les salons et les lieux publics de l'approche d'une *révolution*.

La plume de Guéroult ne pouvait rester oisive

dans ces graves circonstances, son patriotisme et sa mission d'apôtre de l'association universelle dont la France avait la première levé le drapeau triomphèrent en lui de la méfiance que lui inspirait trop souvent la politique impériale. Le 23 avril, il inséra dans l'*Opinion nationale* un véritable manifeste dans lequel on lisait ces lignes :

« Dans cette lutte, si elle s'engage, la France sera encore une fois le champion de la liberté du monde, la protectrice du faible, le bouclier de la civilisation. Sa cause est bonne, elle triomphera ; et, dans cette agitation sourde qui s'empare peu à peu des esprits, il est facile de pressentir l'enthousiasme qui s'emparera de toutes les âmes au premier coup de canon...

« C'est le sort de l'Europe et le nôtre qui va se jouer dans cette lutte : voilà ce qu'il ne faut pas oublier. La France vaincue, c'est la force brutale qui triomphe et qui courbe toutes les têtes sous le joug d'une soldatesque arrogante. La France victorieuse, c'est le règne de la justice et de l'équilibre ; c'est l'autonomie des nations assurée ; c'est le développement pacifique de la civilisation, préparant dans toute l'Europe l'établissement d'une confédération démocratique... » Guéroult exprimait ensuite le regret que la

Prusse, nation éclairée, intelligente, eût si mal compris son rôle. « Elle risque, dit-il, et c'est ce que nous lui souhaitons de tout notre cœur, de voir périr et fondre dans ses mains cette unité artificielle, œuvre de violence et de ruse qu'elle n'a pas encore achevé d'imposer à l'Allemagne... Oublions pour un instant, puisqu'il le faut, les travaux de la paix si féconds pour la liberté, et puisqu'à propos d'un litige sans importance, il faut qu'une dernière lutte s'engage, élevons-nous à la hauteur de cette nécessité douloureuse, et que chacun de nous se prépare à faire son devoir. »

Mais la guerre qui semblait inévitable ne se fit pas, *la France n'était pas prête*, et l'Exposition universelle l'était, promettant d'attirer à Paris l'élite du monde entier, les travailleurs de toutes les branches et de tous les pays, sans parler des rois de toutes les nations.

Ce rendez-vous des producteurs de tous les États plus ou moins civilisés touchait à sa fin, quand un incident néfaste vint se jeter à travers les fêtes et les destinées de l'Empire. Les garibaldiens avaient envahi les États pontificaux. Le bruit se répandit aussitôt que l'Empereur était décidé à intervenir en faveur du *pape-roi*. Guéroult fit une série d'articles remarquables à ce sujet pour bien faire comprendre au gouvernement impérial qu'une seconde expédition romaine rendrait aussitôt entièrement révolutionnaires les aspirations libérales des masses populaires. Celui de ces articles qui concernait plus spécialement le pouvoir personnel et qui était écrit avec une vigueur et une logique accablantes, préoccupa le conseil des ministres à raison de la vive impression qu'il avait produite dans Paris, et il ne donna lieu toutefois qu'à un avertissement officieux dont M. Baroche se chargea personnellement. L'Empereur était alors à Biarritz, où l'article lui fut adressé de la préfecture de police, avec mention de l'accueil qu'il avait reçu du public de la capitale.

Après quelques jours de sursis, les bruits d'intervention armée en Italie se ranimèrent, et un diplomate français, bien connu à Rome, dit à Guéroult que l'invasion des États pontificaux rendait décidément cette intervention obligatoire pour le gouvernement impérial. Guéroult, qui avait connu d'autres sentiments à cet ambassadeur, lui répondit en peignant à grands traits les désastres qu'une pareille faute pouvait entraîner, et il accula son interlocuteur à cet aveu laconique : *Je pense comme vous.* — « Dites-le donc où vous pouvez prendre la parole et donner un avis, » — répliqua vivement Guéroult.

La résolution funeste fut prise le 16 octobre en conseil des ministres, contre l'avis de M. de...., qui pensait à peu près comme l'ambassadeur dont je viens de parler. Guéroult avait été informé que c'était M. Rouher, soutenu par MM. Niel et Rigault de Genouilly, qui s'était chargé de défendre et de faire triompher cette résolution devant les grands corps de l'État. L'*Opinion nationale* du 17 renferma cinq entrefilets de son rédacteur en chef, placés en tête du journal, et qui tendaient tous à soulever la conscience publique contre cet acte d'insanie réactionnaire. Quant Guéroult me communiqua, en épreuve, ces divers articles, je lui déclarai que je regardais comme impossible que son hardi langage n'attirât pas sur lui des tracasseries et des poursuites, mais j'ajoutai que, quoiqu'il m'appelât le *dernier des croyants* en une mission démocratique et sociale de l'Empereur, et quoique je fusse plus désireux, en effet, d'avoir à approuver, qu'à blâmer et à combattre les Bonaparte, je n'hésiterais pas à sa place à qualifier comme il le faisait, la fatale reculade du gouvernement impérial, sans me préoccuper des conséquences. Les entrefilets parurent donc le soir même et produisirent dans Paris une si vive agitation qu'elle me rappela celle que le *Journal des Débats* provoqua en 1829, à l'avénement de M. de Polignac, par cette fameuse exclamation : « *Malheureuse France ! malheureux roi !* »

Le même soir, Guéroult vit M. de L....... qui, quoique opposé à l'intervention, inclinait néanmoins à l'accepter avec l'adoucissement de l'occupation commune. Le journaliste ne se laissa pas désarmer par cet amendement. Il répondit que ce moyen terme serait repoussé par l'Italie, qu'il compromettait l'Empire et la dynastie devant la nation italienne, et qu'il pourrait en résulter une guerre européenne où la France, légitimement détachée du régime impérial, combattrait sans enthousiasme et n'aurait à choisir qu'entre une invasion grosse d'une restauration ou une révolution intérieure grosse d'une république. « Pour moi, aurait dit Guéroult en terminant, mon choix est fait, je suis pour la révolution ; puisse votre gouvernement s'arrêter à temps dans son élan vers l'abîme ! » Le diplomate dont il est question plus haut et un fonctionnaire éminent de l'Empire, si mon ami m'a bien renseigné, étaient présents à ce colloque.

Au milieu de l'anxiété générale, rien d'officiel n'apparaissait. Enfin le 19 octobre, l'ordre de partir pour l'Italie fut donné aux troupes. L'*Opinion nationale* en publia la nouvelle, le soir même, et Guéroult n'ajouta à cette annonce que ces quelques mots : « Désormais les raisonnements sont inutiles, la parole est aux événements. » Quelqu'un qui était loin de nourrir des pensées hostiles à l'ordre établi, dit en cette occasion à Guéroult : « La première expédition française a tué la République, la seconde tuera l'Empire. »

Cette prédiction ne fut pas prompte toutefois à se réaliser. La France impériale écrasa aisément l'Italie radicale, grâce aux *Miracles* des *chassepots.* Mais les vainqueurs de Mentana devaient rencontrer plus tard à Sedan les alliés que nos fautes avaient donnés aux Italiens.

L'effet produit en France par ces miracles présageaient bien qu'ils ne profiteraient pas beaucoup à l'Empire et que la satisfaction donnée au parti clérical n'affermirait pas sérieusement la dynastie napoléonienne. L'Italie était devenue furieuse contre la France, le Pape restait peu reconnaissant, et l'opinion publique se montrait plus que jamais soucieuse et mécontente.

Guéroult continuait donc de signaler dans sa feuille, avec une verve et une logique chaque jour plus entraînante, les causes et les progrès de l'impopularité du gouvernement. Cette persistance courageuse souleva contre lui les principaux conseillers et courtisans de la politique régnante, et comme le *Siècle* prenait part à cette lutte, à côté de l'*Opinion nationale*, les courtisans du parlement lancèrent contre les deux rédacteurs en chef de ces journaux, députés de Paris, un de leurs collègues au Corps législatif, lequel, à l'aide de paperasses suspectes ou controuvées qu'on fit tomber entre ses mains, ne craignit pas d'accuser Guéroult et Havin d'avoir vendu leur plume à l'étranger. Un jury d'honneur, pris dans le sein de l'Assemblée, et présidé par l'illustre Berryer, fit justice de cette misérable calomnie.

En dehors de sa polémique habituelle, Guéroult eut à répondre vers le même temps à une attaque de M. Pouyer-Quertier contre le saint-simonisme. Voici sa lettre :

Paris, 7 mars 1868.

« Mon cher collègue,

« J'ai écouté avec un grand intérêt, dans la séance d'avant-hier, l'excellent discours que vous avez prononcé à l'appui de votre amendement. Toutefois, appelé un instant hors de la salle des séances, je n'avais pu entendre la phrase suivante, qui ne m'a été signalée que trop tard pour qué je pusse réclamer au procès-verbal de la séance d'hier :

« Je ne parle pas, disiez-vous, des saines « doctrines, telles que certaines personnes les « entendent. Oh ! non ; mais il aura la liberté de « discussion ; on pourra répandre les vraies et « réelles doctrines, pour faire contre-poids aux « doctrines qui ont été si funestes aux intérêts « généraux depuis quelques années. Il ne sera « pas difficile de démontrer que l'école qui a « pris pour devise ; « Tout pour moi, rien pour « les autres, » et qui n'a pas même dit : « Et « Dieu pour tous, » en un mot l'école saint- « simonienne, a entraîné à sa suite les plus né- « fastes et les plus terribles résultats, etc.

« Il est évident, par cette seule citation, mon

cher collègue, que vous n'avez jamais pris la peine de jeter les yeux sur un seul des livres où sont exposées les doctrines de l'école saint-simonienne. En effet, loin de professer l'égoïsme grossier que vous lui attribuez à tort, l'école de Saint-Simon subordonnait toutes ses doctrines aux trois maximes suivantes, qu'elle inscrivait en tête de toutes ses publications :

« Toutes les institutions sociales doivent avoir « pour but l'amélioration morale, intellectuelle « et physique de la classe la plus nombreuse et « la plus pauvre. »

« Tous les priviléges de la naissance seront « abolis. »

« A chacun suivant sa capacité, à chaque ca- « pacité suivant ses œuvres. »

« Elle annonçait la déchéance de la guerre, l'avénement de l'industrie, l'association universelle, comme étant le but vers lequel l'humanité s'achemine, et l'alliance politique de la France, de l'Allemagne confédérée autour de la Prusse, et de l'Angleterre, comme devant former le pivot de la réorganisation européenne, condition préalable du désarmement, et de la réduction des armées permanentes.

« Depuis quarante ans, mon cher collègue,

ces idées ont fait et font encore leur chemin ; elles ont pénétré dans les esprits et ont marqué leur empreinte dans les faits.

« Si j'ai tenu à vous signaler l'erreur involontaire où vous étiez tombé, ce n'est pas seulement, mon cher collègue, parce que ces idées sont celles de toute ma vie, parce qu'elles me rappellent de chers souvenirs de jeunesse, de nobles cœurs, des esprits éminents, avec lesquels, vivants ou morts, je n'ai point cessé d'être en communauté de sentiments et d'espérances, mais c'est aussi parce qu'en vous remettant sous les yeux la justice et la vérité que vous me paraissiez avoir un peu perdues de vues, je pensais vous donner une marque du prix que j'attache à votre appréciation, et un réel témoignage d'estime.

« Recevez, je vous prie, mon cher collègue, l'assurance de mes sentiments les plus distingués. »

« AD. GUÉROULT. »

Cependant les démonstrations non équivoques de l'esprit public avaient fini par déterminer l'Empereur à faire quelques concessions libérales en matière de presse. L'entourage s'en émut, les candidats officiels, formant la majorité parlementaire, s'efforcèrent de restreindre par des amendements le libéralisme du projet de loi. On parla même de l'opposition et de la retraite du principal ministre. Mais ce fut un vain bruit. Le ministère tout entier resta, et on lui attribua des dispositions guerrières pour porter au dehors l'agitation qui devenait de plus en plus menaçante au dedans. Des gens qu'on avait de bonnes raisons de croire bien informés assuraient que l'Empereur, confiant dans la force de ses armes, allait reprendre son programme de 1863 et mettre les puissances européennes en demeure de désarmer simultanément, sous la réserve de les y contraindre militairement. Guéroult lui-même, qui repoussait, comme inopportuns, les desseins belliqueux qu'on prêtait au chef de l'État, me dit tenir d'un conseiller d'État, exerçant une haute fonction dans l'administration parisienne, que la perturbation des esprits était telle à Paris et en province qu'il fallait s'attendre, ou à une *révolution*, ou à quelque acte extraordinaire de la part de l'Empereur.

Cette confidence, dans sa dernière partie, concordait avec mes prévisions et mes espérances : Guéroult, au contraire, ne voulait pas se départir de son scepticisme à l'endroit des actes de vigueur que l'on supposait en voie de préparation dans les régions mystérieuses du pouvoir personnel. Il continua dans l'*Opinion nationale* son opposition à toute idée de guerre, tant que le parti réactionnaire conduirait le char de l'Etat, quoique l'on prétendît donner pour but, à cette nouvelle prise d'armes, la restitution de nos anciennes places fortes des provinces rhénanes.

Mais les puissants meneurs de ce parti, dans le conseil des ministres, n'avaient nulle envie de se retirer, malgré le bruit qui en avait couru, et avec eux s'était maintenu à la tête de l'administration de l'Empire l'esprit aristocratique et clérical, déguisé en *conservateur,* qui provoquait depuis plusieurs années les signes alarmants de l'impopularité croissante du gouvernement impérial. De nouvelles élections se préparaient cependant, et l'état des esprits, à Paris surtout, ne laissait aucun espoir aux candidatures officielles. Qu'imaginèrent donc alors les habiles qui avaient été particulièrement en crédit sous le pouvoir personnel et qui redoutaient la concurrence ministérielle dont ils étaient menacés par les choix probables de la capitale?

Ce qu'ils imaginèrent est écrit sur les ruines fumantes de nos monuments, avec le sang de nos bons citoyens, prélats, magistrats, publicistes, etc.; ce qu'ils imaginèrent, sans en prévoir les conséquences sans doute, ce fut d'encourager la démagogie furibonde dont le règne d'un jour ne pouvait que provoquer une réaction autoritaire et faire par là échouer la démocratie modérée, leur rivale éventuelle dans la distribution des portefeuilles. Paris eut bientôt autant de clubs que de quartiers, et ce que l'on professait hautement dans ces clubs, ce n'était rien moins que le socialisme révolutionnaire et l'athéisme radical. Des journaux qui rappelaient ceux d'Hébert et de Marat répandaient et appuyaient ces doctrines. On citait des promesses de tolérance et des paroles d'encouragement adressées par un homme d'Etat dont l'influence était grande, à quelques jeunes écrivains, pleins d'audace, d'ambition et de talent, pour les pousser à attaquer, à discréditer, à détrôner les chefs régnants de la démocratie bourgeoise. Guéroult avait reçu à ce sujet, d'un homme de lettres honorablement connu et qui vit encore, des renseignements dont il me fit part, et qui furent pleinement confirmés plus tard dans une séance de la Commune par le démêlé survenu entre Félix Pyat, accusateur, et Vermorel, accusé.

Le succès électoral du radicalisme ne produisit pas cependant sur le pouvoir personnel tout l'effet qu'avaient pu s'en promettre les hommes d'Etat dont l'esprit conservateur ne répugnait pas à comprendre la licence des journaux et des clubs dans leur programme gouvernemental. Le 12 juillet 1869, un message au Corps législatif annonça que l'Empereur était disposé à suivre le mouvement libéral dont il avait pris l'initiative avant les élections. Guéroult trouva ce message peu significatif. « Attendons la suite, lui dis-je ; si elle ne répond pas aux vœux légitimes du grand nombre, tant pis pour l'Empire : la France ne périra pas pour cela. L'essentiel, c'est que ce premier pas soit suivi d'un second, non moins indispensable, le renvoi des hommes qui personnifient depuis 18 ou 19 ans le système dictatorial et les idées réactionnaires. » L'*Opinion nationale* publia une série d'articles dans ce sens. Guéroult reçut alors des renseignements qui concordaient avec les miens et qui représentaient l'Empereur comme disposé, s'il venait à renouveler le ministère, à passer par-dessus le tiers parti pour s'adresser aux hommes possibles de la gauche, et connus comme partisans des réformes politiques et sociales. C'était en effet le seul préservatif à employer contre les symptômes révolutionnaires toujours menaçants, en y ajoutant une dissolution immédiate du Corps. législatif. L'opinion publique se prononçait en effet dans ce sens. Les excentricités des clubs et de la presse démagogique ne rejetaient pas les esprits vers la réaction dictatoriale et cléricale, mais vers le gouvernement parlementaire, franchement libéral et sagement socialiste, car dès lors on commençait à comprendre que la question sociale est la seule qu'il y ait à résoudre en ce siècle pour obtenir enfin le règne de l'ordre et de la liberté.

Malheureusement, l'Empereur qui avait fait pourtant un livre remarquable sur cette question et qui avait introduit depuis dans notre législation des réformes et des améliorations en faveur de la classe ouvrière, laissa trop prédominer cette fois encore, dans la formation du cabinet, les inspirations purement conservatrices. Il ne se sépara officiellement de son principal ministre que pour en faire son conseiller officieux, et, sous cette influence persistante, il eut soin de n'admettre que des notabilités du tiers-parti, la plupart vétérans de la rue de Poitiers, dans la composition du nouveau ministère. Un remaniement du cabinet devint bientôt nécessaire, et il s'accomplit dans le sens libéral. Emile Ollivier fut nommé garde des sceaux et exerça en réalité sous ce titre les fonctions de premier ministre. Mais il eut, dit-on, en face de lui, un collaborateur occulte et prépondérant, l'homme d'État même qu'il avait appelé le *vice-Empereur*.

Guéroult était très-lié avec Émile Ollivier, dont l'avénement avait réveillé en lui quelque espoir pour les libertés publiques et pour les réformes sociales législativement possibles. Il regardait l'Empereur comme *douloureusement résigné*, sinon comme sympathiquement disposé aux innovations devenues indispensables. Il sut bientôt que la résignation du pouvoir personnel était loin d'être complète, et que l'Empereur tenait absolument au maintien des articles de la constitution impériale qui rendaient précaires dans l'avenir les améliorations constitutionnelles que les embarras du présent pouvaient faire accorder.

Guéroult publia un excellent article à ce sujet dans l'*Opinion nationale* du 17 mars 1870. Le 22, le journal officiel renferma une lettre de l'Empereur chargeant Émile Ollivier de rédiger un projet de réforme de la constitution sur la délégation du pouvoir constituant. Cette mission remplit de joie la presse libérale. Mais Guéroult sut se garantir de cet enthousiasme irréfléchi; il signala, dès le soir même, le vague et l'insuffisance des modifications annoncées. Sa méfiance provenait de ce qu'il était averti que ces modifications avaient été arrêtées seulement entre l'Empereur et son ministre principal, *avec le concours du conseiller officieux.*

Dix jours après, un nouveau renseignement parvenait au rédacteur en chef de l'*Opinion nationale*. L'Empereur et son ministre avaient jugé opportun de consulter la nation sur les réformes libérales accomplies et sur celles à accomplir qui seraient formulées dans un sénatus-consulte.

Guéroult trouvant la question posée entre la liberté et la dictature, se prononça énergiquement pour la liberté. Je m'associai à ses efforts autant que je le pus dans l'*Opinion nationale*, en faveur du progrès pacifique, c'est-à-dire pour conjurer la chance d'une *anarchie sans Dieu et sans frein, facile à prévoir, et fatalement grosse d'un ancien régime quelconque, sans liberté et sans autorité, et ne pouvant que perpétuer sans fin le jeu sanglant et ruineux des révolutions*.

Quand le succès du plébiscite eut dépassé les espérances du gouvernement, nous nous appliquâmes à combattre les appréciations dangereuses des courtisans qui voulaient attribuer à l'Empire originel seul, sans acception de sa conversion libérale, le résultat si éclatant du vote populaire.

Nous rappelâmes ensuite que la France était le pays où l'on oubliait le plus vite le bien comme le mal, et où la nécessité de comprendre et de satisfaire les intérêts et les exigences du présent, s'impose, sous peine d'inévitables renversements, à tous les pouvoirs sans distinction d'origine et de forme. Un succès mal interprété peut avoir de funestes conséquences et se changer vite en défaite. Mais le ciel était calme alors, et, au lendemain du plébiscite, tout respirait l'espérance et la joie dans les hautes régions gouvernementales.

Vint alors le conflit franco-prussien qui suivit de près les beaux jours du plébiscite. Evidemment, la guerre était de longue main préparée à Berlin, sous l'influence du pangermanisme. Le gouvernement français avait donné trop souvent l'occasion de se faire accuser de faiblesse et d'inertie en face des audaces croissantes du militarisme prussien. Il avait reculé constamment devant lui, depuis Villafranca, assistant l'arme au bras à l'écrasement successif du Danemarck, de l'insurrection polonaise et de l'Autriche et à l'assujettissement de toutes les souverainetés allemandes. En 1867, il avait bien paru se raviser et se résoudre sérieusement à la guerre dans la question du Luxembourg ; mais cette velléité belliqueuse n'avait duré qu'un jour, et la maison de Hohenzollern étendait de plus en plus sans obstacle sa prédominance menaçante sur nos frontières de l'Est et du Nord. Fallait-il lui abandonner aussi nos frontières du Midi et la laisser asseoir sur le trône d'Espagne? Si l'Empire l'eût souffert sans mot dire, sans tirer l'épée, la France se fût soulevée d'indignation et l'opposition démocratique aurait été la première à accuser le gouvernement impérial de compromettre par son inaction le territoire et l'honneur du pays. La guerre fut donc déclarée à la satisfaction des vœux et des intérêts nationaux. Les révolutionnaires irréconciliables la repoussaient parce qu'ils redoutaient une victoire au profit de l'Empire. Les progressistes de l'*Opinion nationale*, Guéroult en tête, la soutenaient chaleureusement, au contraire, comme légitime et nécessaire au point de vue du patriotisme impartial et de la liberté européenne. Mais les progressistes, en désirant et en défendant la guerre comme favorable à leur cause, supposaient, bien entendu, que le gouvernement qui la déclarait était bien préparé pour la faire. Ils furent cruellement désabusés dès le début de la campagne. On n'était nulle part suffisamment prêt pour arrêter et repousser l'invasion. On créa un comité de défense. Guéroult pressa M. Thiers d'y entrer, et ses instances restèrent d'abord vaines. Cependant M. Thiers, tout en ne voulant rien tenir du gouvernement, se montra disposé à accepter le mandat qui lui viendrait de la représentation nationale. Et en effet, le *Journal officiel* du lendemain ayant publié un décret qui nommait cet homme d'État, celui-ci en référa au Corps législatif qui l'autorisa, par un vote d'acclamation unanime, à accepter.

Mais le comité ne pouvait pas improviser les moyens de défense qui avaient été négligés ; il lui appartenait seulement de les hâter le plus possible et surtout d'employer ceux qui restaient disponibles de la manière la plus avantageuse pour le salut du pays. M. Thiers aurait voulu, qu'au lieu de diriger en masse vers le nord les troupes concentrées à Châlons, on eût ramené cent ou cent vingt mille hommes sous les murs de Paris, ce qui l'aurait rendu imprenable.

C'est le 30 août, pendant qu'on se battait à Sedan, que Guéroult qui insistait aussi, dans son journal, pour le retour de l'Empereur et de l'armée sur Paris, me fit part de cette pensée de M. Thiers comme lui ayant été communiquée peu d'heures auparavant par cet homme d'État lui-même. L'Empereur Napoléon a depuis déclaré, de son côté, dans une lettre à un Anglais, que les considérations militaires indiquaient bien la retraite sur Paris comme préférable au point de vue stratégique, mais que les considérations politiques avaient prévalu. L'histoire jugera.

Les conséquences désastreuses de la marche de l'armée française vers le Nord ne furent connues au ministère de la guerre à Paris que dans la soirée du samedi 3 septembre. Les membres du Corps législatif furent immédiatement convoquées à domicile par le président pour une séance de nuit, où le général de Palikao annonça la triste nouvelle en engageant la Chambre à ajourner ses délibérations, au lendemain, ce que le *Journal des Débats* du 4 qualifia justement de *funeste imprévoyance*, car si la proposition déposée à minuit par M. Jules Favre et ses collègues pour la déchéance de l'Empereur et de sa dynastie et pour la nomination d'une commission de gouvernement par le Corps législatif, qui aurait été chargée de la convocation prochaine d'une Assemblée constituante, si cette proposition avait été votée immédiatement, la révolution, législativement accomplie, aurait prévenu la révolution du lendemain par l'émeute, et donné à la défense du pays l'appui de la légalité et l'espoir de l'unanimité. Mais je dis encore ici : L'histoire jugera.

La république une fois proclamée sans opposition d'aucun pouvoir ni d'aucun parti, et son autorité étant universellement acceptée et obéie, le patriotisme, dans la situation affreuse où se trouvait la France, commandait de maintenir le plus possible cette obéissance. Il ne s'agissait plus de la république de passion, c'était une république de raison qui surgissait pour devenir la république de salut et de nécessité.

Les circonstances étaient impérieuses, l'heure était suprême pour la France, l'étranger victorieux marchait sur Paris, ce n'était pas le moment de discuter la nature et la forme du coup de main dont quelques hommes, bien intentionnés d'ailleurs, n'avaient pas craint de se rendre responsables devant la postérité. L'*Opinion nationale* se rangea sincèrement sous le drapeau de la république, et son rédacteur en chef se dévoua tout entier à l'œuvre capitale de la défense non-seulement comme journaliste, mais aussi comme auxiliaire actif et assesseur officieux des pouvoirs publics. Il visitait incessamment des membres du gouvernement, des ministres, des chefs d'administration, pour donner ou pour recevoir des indications utiles à la grande œuvre du patriotisme parisien.

Ce fut dans une de ces visites, au commencement d'octobre, que le général Trochu appela cette œuvre une *héroïque folie*. — « Mais comment avec une pareille pensée, lui dit vivement Guéroult, ne donnez-vous pas votre démission? » Le général répondit sans s'émouvoir qu'il gardait le commandement, parce que son appréciation des difficultés à vaincre ne l'empêcherait pas de faire tout ce qu'il y avait de mieux à opposer à l'ennemi.

Guéroult éprouva moins de déception et de découragement dans ses patriotiques démarches auprès d'un autre membre de la défense nationale. Il s'est applaudi jusqu'à ses derniers jours d'avoir contribué par de vives instances à déterminer l'entreprenant Gambetta, annulé à Paris par le savant général Trochu, à prendre la voie aérienne pour aller organiser en province un soulèvement national contre l'invasion prussienne.

Mais tous les dangers que courait alors la France ne lui venaient pas du dehors ; sa situation intérieure laissait pressentir de prochaines catastrophes. La question sociale, horriblement défigurée dans les clubs depuis 1868, venait se poser, plus effrayante que jamais, au milieu de la *populace* armée dont M. de Bismark avait annoncé le règne imminent à M. Jules Favre. C'était en vain que depuis quarante ans, les esprits soucieux de l'avenir avaient prédit qu'il sortirait une nouvelle irruption de barbares des flancs de cette question fondamentale, si la sollicitude conservatrice des gouvernements ne savait pas prévenir cette invasion du socialisme révolutionnaire, par l'étude et l'application du socialisme pacifique et religieux, graduellement mis à l'épreuve dans le domaine des lois et dans les limites des possibilités actuelles. Quelque temps avant la guerre, un jeune député avait interpellé les ministres de l'Empire sur cette question capitale, et les ministres aussi bien que le Corps législatif et l'Empire lui-même, eurent disparu sans que l'interpellation, quoique autorisée, eût pu sortir à effet, malgré les efforts qu'avaient faits divers journaux, et notamment l'*Opinion nationale* dans une série d'articles, pour bien convaincre la puissance publique de l'urgence des améliorations sociales, comme unique préservatif contre les fureurs révolutionnaires.

A la fin d'octobre, le gouvernement du 4 septembre se trouva, comme l'Empire, en face de la question sociale, toujours écartée ou négligée, et cette fois représentée, non plus par les disciples des écôles philosophiques, mais par les meneurs des clubs, lesquels, pendant quelques heures, furent maîtres de l'Hôtel de ville. Le bon esprit de la garde nationale mit fin à cette orgie démagogique, dont les chefs furent mis en état d'arrestation. Mais le gouvernement de la défense nationale, après avoir fait consacrer légalement son autorité par un plébiscite qui lui donna cinq cent cinquante mille suffrages contre soixante et quelques mille, crut devoir user de clémence envers les chefs de l'insurrection du 31 octobre, Blanqui Félix Pyat, Flourens, etc., etc., qui furent tous mis en liberté. L'*Opinion nationale* rappela, en cette occasion, que le comité de salut public de la première république avait été moins indulgent et partant plus prévoyant à l'égard des radicaux athées et partageux de la Commune de Paris, Hébert et Chaumette.

Ce défaut de prévoyance ramena des jours de troubles vers la fin du siége ; mais l'anarchie fut encore vaincue. Le bon esprit de la garde nationale était toujours là, et il était soutenu par celui des troupes restées à Paris, quoique peu nombreuses.

Il en fut autrement, après la capitulation de Paris, bien que la garde nationale n'eût pas été licenciée, et que son attitude eût été plus imposante que jamais, à sa confrontation avec l'armée prussienne. Le 18 mars, la démagogie assassina deux généraux et se rendit aisément maîtresse de la capitale qui lui était abandonnée. Ici encore je ne veux pas devancer le jugement de l'histoire. Pour les contemporains, un grand tort peut être effacé par un plus grand service.

Guéroult continua contre la démagogie, armée du fer et du feu et exerçant le droit de vie et de mort sur la population parisienne, la polémique indignée et courageuse qu'il n'avait cessé de soutenir contre elle. Il devenait chaque jour plus certain que l'omnipotence révolutionnaire lui réservait une place parmi ses victimes. Il dut céder aux conseils de ses amis et aux instances de sa famille qui l'attendait en province. L'*Opinion nationale* fut bientôt obligée de suspendre sa publication. Elle ne reparut qu'après la rentrée des troupes dans Paris, et Guéroult revint aussitôt pour se remettre à l'œuvre.

Sa santé était gravement altérée depuis plusieurs années. Mais cet affaiblissement physique ne lui avait rien enlevé de sa vigueur morale ni de ses forces intellectuelles. C'était toujours l'apôtre infatigable de la réforme sociale par voie pacifique et religieuse, poursuivant sans relâche le développement de la perfectibilité humaine et l'accomplissement de l'association universelle pardessus les préjugés et les haines de parti et de secte. C'était toujours le polémiste fécond et alerte dont l'esprit et le bon sens, la verve et la logique, redoutables seulement aux mauvaises causes, étaient restés irrévocablement engagés au service des idées justes et civilisatrices. En un mot, après plus de quarante ans de discordes incessantes, de luttes fratricides, d'épouvantables bouleversements et de stériles révolutions, c'était toujours le Saint-Simonien de 1830, croyant plus que jamais au Dieu [1] qui vit et se sent vivre dans tout ce qui est,

1. Guéroult avait publié, dans l'*Opinion nationale*, une série d'articles où il combattait M. Renan, professant qu'il n'y

à l'égalité de l'homme et de la femme, au classement selon la capacité et à la rétribution suivant les œuvres ; c'était toujours le saint-simonien, convaincu de plus en plus par les derniers événements auxquels il venait d'assister, que la

avait rien dans le monde des intelligences au-dessus de l'homme, comme il l'avait combattu en 1855, à propos de la supériorité que ce savant attribuait, dans le *Journal des Débats*, à la science sur l'industrie. Depuis, en 1858, à l'occasion du miracle de Lourdes, notre ami exprima sa pensée sur Dieu en des termes dont la reproduction a un caractère d'actualité.

« Partout où l'on croit aux miracles, disait Guéroult, il y a des miracles ; partout où l'on n'y croit plus, on n'en voit plus. La sainte Vierge fait des apparitions à Lourdes, elle n'en fait pas à Paris ; elle se montre à Bernadette, elle ne se montre point à l'Académie des sciences... Le miracle appartient à une civilisation qui est en train de disparaître. Si Dieu ne change pas, l'idée que les hommes s'en font change d'époque en époque, suivant le degré de leur moralité et de leurs lumières. Des peuples ignorants qui ne soupçonnent pas l'imposante harmonie des lois de l'univers, voient partout des renversements de ces lois. Tous les jours Dieu leur apparaît, leur parle, converse avec eux, leur envoie ses anges. A mesure que les sociétés s'éclairent, que les sciences d'observation viennent former contre-poids aux élans de l'imagination, toute cette mythologie s'évanouit. L'homme n'est pas moins religieux ; il l'est davantage, au contraire, mais il l'est autrement. Il ne voit plus face à face les dieux ou les déesses, les anges ou les démons. Il cherche à déchiffrer la volonté divine écrite dans les lois du monde et dans l'histoire du genre humain, mais il ne prête plus à ce grand Dieu, qui anime le monde de sa vie universellement répandue, des apparitions puériles ou des travestissements ridicules. » (*Études de politique et de philosophie religieuse*, par Adolphe Guéroult, pages 139 et suivantes, publiées en 1863.)

France, l'Europe et le monde civilisé tout entier resteraient sous la menace d'un renouvellement de ces catastrophes tant que les gouvernements, républicains ou monarchiques, n'auraient pas fait de la solution graduelle et légale de la question sociale l'objet de leur plus vive sollicitude et de leur principale préoccupation. Guéroult est donc mort comme il avait vécu, dans la plénitude de sa foi. Le plus digne hommage à rendre à sa mémoire, comme l'a si bien dit un de ses fils qui l'a remplacé à la direction de l'*Opinion nationale*, c'est *de continuer son œuvre* : il appartient seulement au plus vieux de ses amis et de ses co-religionnaires d'ajouter : *et de propager sa foi par la poursuite persévérante de notre mission*.

LAURENT DE L'ARDÈCHE.

Membre délégué du Conseil institué par Enfantin pour la publication de ses œuvres.

CORRESPONDANCE

INÉDITE

D'ENFANTIN

XCIII[e] LETTRE

—

A THÉRÈSE

10 septembre 1832.

Ma chère amie, les lettres que mon père écrit à Aglaé sont tristes; cette condamnation l'afflige outre mesure, et je crains l'impression qu'auront dû lui faire des articles *menteurs* de journaux où l'on disait que des apôtres avaient été battus par des gendarmes ou par le peuple : je le crains, et cependant je redouterais encore plus pour lui sa présence près de nous; son inquiétude serait de tous les instants; à chaque mot, à chaque bruit, à chaque ligne de journal il serait en l'air; des événements très-passagers qui nous placeraient dans des positions difficiles, soit comme manque d'argent, soit comme injures ou condamnations, soit comme persécutions ou souffrances d'un genre quelconque, lui paraîtraient des malheurs inouïs et définitifs; ne comprenant en aucune manière comment toutes ces choses sont des conditions indispensables de notre *foi*, qui doivent nous donner les occasions de montrer sous toutes les formes ce que nous sommes, aussi bien comme courage, résignation, patience, énergie, calme, que comme savoir et intelligence des choses politiques et scientifiques, ne comprenant, dis-je, tout cela, nouveau Jérémie, il se désolerait de toutes ces choses. D'un autre côté, ce que tu me dis de vos discussions vives, me fait craindre qu'un séjour prolongé au milieu de vous, ne soit pour vous trois une cause de souffrance que je voudrais à toute force éviter. Je sais que le pauvre père, à son âge, doit avoir des moments d'humeur, semblables à ceux de mon oncle, de votre père, et que vous devez être, encore plus souvent que je ne l'étais avec votre père, en discussion pénible. Dis-moi franchement, ma chère Thérèse, ce que tu penses dans cette circonstance ; tu m'accuses de vouloir la perfection, et pourtant je t'assure qu'en ceci comme en toutes choses, je veux le *mieux* et non le *parfait,* je cherche le *progrès* et non *l'absolu*. Je crains aussi que mon père ne redoute que son séjour ne soit pénible non-seulement à vous, mais à Saint-Cyr ; en cela je pense qu'il se trompe. Car Saint-Cyr sent bien, je crois, que la présence de mon père près de moi en ce moment, serait une cause continuelle d'inquiétudes pour lui. Non-seulement les procès ne sont pas finis, mais notre vie agitée, active, publique, nous mettra certainement dans des positions que toi, qui connais et qui aimes les apôtres chrétiens, peux aimer et comprendre, mais que mon père ne pourrait que déplorer. Ecris-moi donc, je te prie, à cœur ouvert sur ceci. J'ai trop présente à la pensée l'inquiétude de ma pauvre mère lorsqu'elle était près de nous, et l'influence que cette inquiétude a pu avoir sur sa santé, pour ne pas réfléchir dix fois avant de placer mon père dans une pareille situation de CŒUR et *d'esprit*. Il y a plus, sa vie *matérielle* serait certainement défavorable à sa santé ici, il ne pourrait pas d'ailleurs habiter au milieu de nous, et son désir de venir avec moi, *si j'allais en prison,* est si impraticable, que je ne sais ce qu'il pourrait faire ici.

Maintenant je réponds à ta bonne et longue lettre; et d'abord je te remercie de consentir à m'envoyer ma correspondance avec toi. Pour en diminuer le poids, je te préviens que j'ai gardé copie, faite dans le temps par mes enfants, de quelques-unes des plus longues lettres que je t'ai adressées, depuis celle où je te parle de la mort de ce pauvre Auguste et qui exprime bien l'impression religieuse que Dieu a voulu me donner par ce douloureux événement; j'ai à peu près les plus importantes, puisque je t'écrivais plus tard que c'était là *l'ouvrage* que je composais pour toi et dont je t'avais parlé dans ma première lettre. C'est, en effet, en t'écrivant, ma chère amie, que je me suis *rendu compte* de ma foi, que j'élaborais mes idées. Tu as encore été par ces lettres, ce que vous aviez été par ma communion avec vous, l'instrument *femme* que Dieu m'a donné pour m'amener à lui; de près comme de loin, vous m'avez aidé dans ma route religieuse, vous m'avez élevé par la main là où je suis, et chaque jour je vous en rends grâce, comme vous en béniront un jour tous ceux qui m'aimeront. Une seule de ces lettres me manque, c'est celle sur la *beauté*, où je te parlais pour la première fois d'une manière nette de la réhabilitation de cette face de la vie, et que je t'écrivais, je crois, de Foix ou de mon voyage à cette époque. Je crois qu'il y en a une aussi entre celle-là, et une autre qui commence ainsi : « Je ne veux pas laisser partir Saint-Cyr sans t'écrire, » et qui est d'avril 1829, ou bien au contraire il y en a une *après* celle sur la *beauté* que je n'ai pas. Du reste, j'accepte parfaitement tes conditions quant aux soustractions des choses particulières; mais comme je te l'ai dit, ces choses sont pour l'intérieur de la famille et non pour l'extérieur, elles n'ont pour ainsi dire de valeur que pour des *initiés,* que pour des personnes qui nous aiment déjà complétement. Ainsi je te demande surtout quelques-unes de mes anciennes lettres de voyage, de Pétersbourg surtout si tu les as encore, et aussi celle que j'ai écrite à Ferdinand-Charles à l'époque du mariage de Laure, je crois qu'Eugénie en avait gardé copie ; j'ai perdu la copie qu'Eugénie en avait faite pour moi. De même je voudrais avoir les lettres que j'écrivais de Russie à Emile, et tu me ferais grand plaisir de lui demander, s'il les a gardées, de me les envoyer. — En voilà assez sur ce sujet, c'est du passé, venons au présent et à l'avenir.

Tu trouves nos barbes affreuses et tu nous compares à des *capucins*. Toujours même hérésie, chère chrétienne; bon à Voltaire de plaisanter des *capucins*, mais à toi ! Je me rappelle qu'en voyant un vieux tableau allemand, représentant des moines écoutant une lecture (je crois que ce tableau est chez Maurice-Charles), je disais : On voit bien que ce tableau est fait par un *protestant;* toutes les figures de moines étaient affreuses, il semblait que des monstres s'étaient donné le plaisir de s'encapuchonner ; tu es protestante à l'égard des *capucins* qui ont dû avoir leur beau temps. Mais d'ailleurs, avec une longue barbe, ne peut-on ressembler qu'à un capucin? Le *Jupiter* Olympien en a une belle; le *Moïse* de Michel-Ange en a une immense; la force antique n'est jamais représentée imberbe; *Jésus, Jésus* lui-même en avait une, tu le sais bien. Au reste je t'enverrai un médaillon en plâtre que l'on vient de faire pour une médaille; tu verras si je suis si affreux. Quant au costume, tu voudrais peut-être nous voir des culottes courtes, bas de soie noire et chapeau à cornes, tu trouverais cela plus grave, plus sacerdotal : ne t'en déplaise, notre costume est l'expression de notre foi d'aujourd'hui ; nous venons surtout pour le PROLÉTAIRE et pour les FEMMES, nous nous habillons comme ils aiment qu'on s'habille, d'une manière *commode* et *élégante*, de manière à montrer l'activité, l'énergie, l'ardeur qui sont en nous. Quand, d'un autre côté, on garde le célibat, qu'on a des barbes sévères, un regard qui n'est pas farceur, et qui interloque même les juges sur leurs siéges, on est dans un costume très-conforme à notre foi qui consiste dans *l'harmonie* des deux natures, *gravité* et *gaieté*. Enfin tu penses bien que ceci n'est qu'un premier essai, qu'une forme *apostolique*, c'est-à-dire transitoire, et qui se modifiera selon ce que nous aurons à faire, selon les lieux où nous aurons à nous montrer.

Quoi ! tu n'a pas compris combien, dans l'intérêt et l'amélioration du sort des FEMMES, il était bon de faire constater par un fait palpable, le mépris qu'on a pour elles, même dans ce qu'elles connaissent le mieux, c'est-à-dire les relations intimes des deux sexes, base de la *famille,* en me faisant refuser d'avoir des FEMMES près de moi dans un procès où l'on m'accuse d'immoralité sous ce rapport ! Tu t'arrêtes au nom de *Conseil* que les avocats donnent à ces FEMMES, et tu me dis que tu ne sais ce que des FEMMES pouvaient faire là ! Elles étaient là pour faire constater publiquement cette insultante minorité à laquelle l'HOMME prétend condamner la FEMME, et c'était m'*aider* autant que FEMME le pouvait dans mon œuvre, et c'était aussi faire preuve d'un courage dont tu serais étonnée si tu voyais Cécile, femme faible, délicate, souffrante.

Tu as bien jugé la conduite de Rodrigues au procès, il a été très-bien, et j'espère, comme toi, que nous n'en resterons pas là.

Le Carnot qui est mort n'est pas notre ancien Carnot ; celui-là est à la *Revue encyclopédique;* c'est son frère, un de mes anciens camarades d'école, savant, mais ours.

Nous avons été en effet si mutilés par les journaux pour le procès, qu'il nous tarde de l'avoir imprimé tout entier; mais c'est long, et je crois que les deux paraîtront ensemble : celui de la police correctionnelle et celui de la cour d'assises, *escroquerie* et *immoralité*. Surtout que le pauvre père ne nous regarde pas comme perdus si nous étions condamnés, même pour *escroquerie;* les juges sont assez bêtes pour le faire, nous verrons bien la fin des bêtises. Le père ne s'aperçoit pas d'ailleurs de ce qui se produit en *bien* à mesure qu'il voit le *mal* qui plane sur nous ; il ne voit pas que nos idées politiques s'infiltrent en raison de l'éteignoir qu'on cherche à mettre sur nos personnes ; il ne sait pas que déjà plus de douze journaux de province poussent dans les voies que nous avons ouvertes, que la *Revue encyclopédique* y conduit, que le *Temps* a trois rédacteurs anciens saint-simoniens, Péreire, Lagarmitte et Guéroult; que la *Tribune* est dirigée par des hommes qui glissent tant qu'ils peuvent nos idées économiques ; que le *National,* tout en tremblant sur nous et surtout sur moi, est obligé de reconnaître qu'en politique industrielle nous faisons de bonnes choses ; que les Allemands commencent à étudier avec intérêt nos ouvrages et en parlent dans leurs livres et leurs journaux ; que l'activité et le dévouement de ceux qui nous aiment redoublent à mesure qu'on nous vexe. Pour lui tout se réduit à : *l'argent vient-il?* Il a raison, l'argent est un thermomètre, mais ce n'est pas la seule *mesure* du temps, et il est même probable que pour faciliter la propagation de notre foi, nous aurons à donner la preuve de notre force, à supporter toute espèce d'adversité sous ce rapport; pour prouver qu'on était un bon soldat, il fallait se bien battre à Austerlitz, mais aussi ne pas perdre courage à la Bérésina.

Toujours ta même erreur, ma chère amie, quant aux FILLES PUBLIQUES et aux FEMMES du riche qui se conduisent mal. Tu te figures que nous avons en vue de moraliser non-seulement toutes ces FEMMES qui, en ce moment, mènent une vie scandaleuse, mais que nous prétendons le faire, pour ainsi dire, INSTANTANÉMENT. Où donc as-tu vu cela en nous? Nous savons fort bien qu'il en est un nombre immense, la presque totalité de celles qui, *en ce moment*, mènent cette vie, que nous ne changerons pas dans leur vie *actuelle;* nous ne travaillons pas seulement pour une génération, ni surtout avec espoir de moraliser la position de celle qui est le plus enfoncée dans la boue de l'égoïsme et du libertinage, nous avons plutôt en vue celles qui *vont* là, que celles qui *sont* là, et alors je te défie de me dire qu'il n'y a pas, dans celles qui y *vont* puissance de faire autre chose, et d'utiliser autrement les dons que Dieu leur a faits, de beauté, de force, de légèreté, de mobilité. Tu parles de la permission de changer de mari, comme d'une source de licence, et tu oublies que la FEMME ne demande à *personne* aujourd'hui permission de changer d'amant, ce qui serait une faute grave dans l'avenir, et que la FILLE PUBLIQUE en change à chaque instant, sans la moindre autorisation légale ou religieuse, seulement en payant patente. Sois sûre que si les FEMMES *consultaient*, pour donner leur cœur et leur corps, quand bien même le *consulté* donnerait souvent des autorisations, il y aurait moins de *changements* de MARIS qu'il n'y en a aujourd'hui, si le *consulté* avait égard aux convenances de goûts, de mœurs, de corps, d'intelligence ; et surtout il y aurait bien moins de ces amours qui ne donnent que des larmes. Tu fais toujours abstraction de l'influence que doit avoir le COUPLE *consulté* sur les actes des FIDÈLES ; c'est comme si tu voulais constituer la famille sans autorité paternelle et maternelle, et sans tenir compte de l'influence moralisante qu'exerce sur leurs enfants l'amour réciproque qui existe entre eux et leurs parents, et qui les fait obéir aux prescriptions, aux désirs qui leur sont manifestés, même quand cela blesse leurs goûts du moment, parce qu'ils ont foi que cette providence supérieure veut leur bien, et que, d'un autre côté, ils trouvent leur propre bonheur à lui plaire, et qu'ainsi dans ce bonheur se trouve la compensation des privations même les plus dures qu'ils aiment alors à s'imposer. Mais aussi il est clair qu'il ne faut se figurer le père et la mère, le COUPLE *consulté,* ni comme des cerbères exigeants et jaloux, ni comme des bonasses qui laissent tout faire : ils doivent être *aimés* et *respectés.* Toi qui sais si bien la puissance de la confession MALE (et les femmes ont toujours mieux compris celle-là que les HOMMES), je suis étonné que tu en fasses aussi facilement abstraction dans nos idées.

Il est plus *impossible* que nous ne le supposons, dis-tu, de marcher sur les traces de JÉSUS ; et tu soulignes *impossible.* Il me semble pourtant que le chrétien ne cherche pas autre chose, et le meilleur d'entre eux est celui qui *ressemble* le plus au maître. Mais tu as voulu dire, sans doute, qu'on ne pouvait pas faire pour les hommes autant qu'il a fait pour les HOMMES, et tu as raison ; mais pour les FEMMES, je le nie, même après la sublime parabole de la FEMME *adultère,* qui, comme tu ne le sais peut-être pas, était sur nos têtes au plafond du palais de justice ainsi que celle de *Rendez à César ce qui est à César,* et nous nous sommes servis de l'une et de l'autre. Mais d'ailleurs s'il est *possible* de marcher sur les traces de Jésus, même sans l'atteindre, pourquoi te ferais-tu une arme contre nous de ce que nous sommes arrangés de manière à être accusés d'immoralité et condamnés; Jésus l'a été aussi, condamné, et bien autrement que nous.

Tu dis encore que rien ne m'assure que les femmes en masse obéiraient plus volontiers à une loi morale à la révélation de laquelle la FEMME aurait directement contribué, qu'elle aurait sanctionné de sa volonté libre, qu'aux lois faites par les hommes, lois qui, ajoutes-tu, sont injustes, mais qu'on pourrait changer sans les bouleverser, et moi je te demande pourquoi tu ne veux pas que moi homme j'APPELLE la femme à venir faire ces changements aux lois faites par les hommes; je n'ai jamais prétendu que l'expression que j'ai donnée à mon APPEL aux femmes fût une loi que je voulusse leur imposer. Je crois que là est le *germe* de la loi morale définitive, mais je crois que ce *germe* n'aura de vie qu'à la condition d'être *fécondé* par la femme, et la fécondation modifie puissamment. Tu crois que les femmes n'obéiront pas en masse à cette femme Christ de son sexe, j'en suis également convaincu, je crois que ce Messie marchera plus rapidement dans ses conquêtes que ne l'a fait le Messie des hommes, précisément parce que les hommes ont déjà eu leur Messie; mais je suis bien certain qu'il y aura longtemps des incrédules, hommes et femmes, et que la terre ne sera pas *en un jour* convertie par le Verbe nouveau de Dieu incarné dans la femme. Je crois même que la mission de cette femme sera relativement plus dure que la nôtre, encore parce que nous avons déjà eu notre Messie; je pense même que les douleurs des apôtres femmes équivaudront mieux (sauf la différence des temps) aux martyres des chrétiens, toujours parce que l'homme a eu son Messie et ses martyrs, c'est-à-dire parce que l'homme a eu de tout temps l'habitude de savoir ce que c'était qu'un *chef* et des *chefs*, et que la femme l'ignore encore, comme les esclaves entre eux l'ignoraient. Oui, je crois que les femmes seront encore plus injustes à l'égard de celle d'entre elles qui viendra les *sauver*, que les hommes ne le sont à notre égard, ou du moins je crois qu'elles le seraient.

si nous n'avions pas, nous hommes, préparé la venue de ce sauveur, en l'annonçant et en nous faisant aimer des femmes, en nous mettant pour ainsi dire sous la protection de leur amour, sous le bouclier de leur force qui est habituée à recevoir les traits des hommes, et à les renvoyer émoussés. C'est aussi ce que, de tous nos efforts, nous cherchons à faire; nous voulons que les femmes même qui désapprouvent nos *idées* sentent qu'il y a dans nos CŒURS d'hommes un besoin de bonheur pour elles qui mérite leur AMOUR; nous voulons qu'elles nous rendent grâce au moins de *l'intention* chevaleresque qui nous anime; nous voulons qu'elles nous traitent non comme leurs *aveugles* adorateurs, mais du moins comme les braves et loyaux champions de notre foi en elles; nous voulons que celles-là encore se déclarent, *à l'exclusion des hommes,* JUGES de la MORALITÉ de nos paroles, parce qu'elles pèseront l'amour qui est dans ces paroles à une autre balance que celles des juges à robe noire; et si nous obtenons de celles-là une telle justice, que sera donc l'amour de celles qui sentiront que nous les avons vraiment comprises, que nous avons su lire dans leurs âmes brûlantes, dans leurs yeux désireux de joie, de plaisirs, sur leurs formes séduisantes, la soif d'affranchissement qui les consume ou les perd aujourd'hui ?

Pour celles-ci ne crains rien, Thérèse, elles font tant de mal et souffrent tant aujourd'hui que par nous elles ne peuvent point souffrir ni faire souffrir davantage ; ne crains rien pour elles et par elles, le monde est trop pétri de christianisme, malgré ses prétentions d'athéisme, pour qu'elles puissent *promptement* se laver de la réprobation qui pèse sur elles, et elles sentiront bien vite que pour se faire pardonner le bonheur qu'elles voudront apporter à ce monde, il leur faudra le distribuer d'abord et longtemps sous le voile mystique et pudique de la chrétienne ; non, ne crains rien, te dis-je, rapporte-t-en à leur délicatesse, à leur *finesse* de femmes ; elles sauront prendre la forme convenable, et voiler, comme je l'ai déjà dit, la rudesse de ma parole, de la parure, de la grâce et de la pudeur ; car alors, au moins, elles auront devant les yeux un vaste espoir de gloire et d'avenir ; alors celle qui aujourd'hui, à défaut d'émotions larges et généreuses, s'enivre de plaisirs égoïstes, celle-là sentira son âme pleine ; celle-là qui serait *bacchante* sans nous, saurait trouver la force de consacrer jusqu'à sa *virginité* au service de son Dieu.

Thérèse, ma chère amie, songe à cette patronc que l'Eglise t'a donnée ; ne dis plus en parlant de ces femmes : Je les comprends et je ne puis les souffrir ; dis comme moi : Je les AIME et je veux les SAUVER.

Tu crains que malgré l'affection qui m'entoure, et malgré le calme de la conscience je ne souffre intérieurement. Que serait ma vie, si je ne connaissais pas la souffrance? Mais je ne souffre pas là où le monde croit que je peux souffrir, car il ne me comprend pas encore ; un jour il sentira quelles ont dû être mes joies, mais aussi quelles ont dû être mes douleurs.

P. E.

XCIV[e] LETTRE

A F. BRACK (Colonel)

Ménilmontant, octobre 1832.

Mon cher Brack, je vous remercie de votre souvenir d'amitié ; j'ai lu vos *Avant-postes de cavalerie légère ;* ils avaient un double attrait pour moi, ils étaient de vous, et d'un autre côté vous savez que nous avons la prétention d'être les éclaireurs de l'humanité. Ils m'ont fait grand plaisir ; j'ai lu avec un vif intérêt surtout vos chapitres sur le *chef,* la *discipline*, les *reconnaissances,* les *positions,* les *charges,* le *courage,* l'*effet moral,* les *partisans* et les *indices,* et aussi la *pipe,* plusieurs pages encore de la *Postface.* Nous qui sommes en campagne, et chaque jour sur pied, mais indestructibles comme des Cosaques, nous qui sentons l'utilité et la sainteté de l'autorité et de l'obéissance, de la hiérarchie, nous qui devons constamment donner l'exemple du courage calme qui fait recevoir l'arme au bras la mitraille, et saisir le moment de charger, nous sommes heureux de trouver, même pour un but différent, notre manière de vivre décrite et enseignée comme vous le faites parce que nous voyons que vous sentez ce qui vit en nous et qu'il y a véritable communion entre nos âmes. Transformez votre but *militaire* en but *pacifique,* et vous sentirez que nous sommes prêts à tout entreprendre, à tout braver pour notre œuvre.

J'ai appris avec joie, par Corrèze, que toutes les absurdités débitées sur notre compte n'avaient pas prise sur vous, et pourtant elles pleuvent ; la lecture de votre ouvrage m'en aurait expliqué la raison, quand bien même je n'aurais compté pour rien la connaissance personnelle que vous avez de plusieurs d'entre nous. Il y a dans notre vie l'aventure et le chevaleresque qui doivent trouver écho dans votre cœur ; il y a surtout le sentiment de la reconnaissance que nous devons à la femme, nous hommes qui avons été aimés d'elle. Nous nous sommes institués, mon cher Brack, les éclaireurs, les Cosaques de cette belle armée, plus puissante que votre grande armée de Napoléon, de cette armée qui donne la vie, qui depuis l'Éternité a été tenue en échec et désunie par l'armée mâle, mais qui se ralliera lorsque nous aurons balayé le terrain occupé par les bourgeois, propriétaires de femmes comme on est propriétaire d'esclaves, et qui sont trompés et bernés par la femme comme le maître l'est toujours par des esclaves.

On a beaucoup plaisanté sur notre attente d'un MESSIE parmi les femmes ; nous croyons en effet à la venue d'un NAPOLÉON de cette espèce ; nous travaillons en partisans pour lui, et attendons de lui nos grades et nos décorations. Pourquoi ce rêve serait-il donc si ridicule ? A la fin de la Révolution, tous les hommes appelaient un homme pour faire cesser la terreur et l'anarchie, voilà pour la *politique*, l'HOMME est venu ; pourquoi dans la *morale* n'appellerait-on pas une femme pour faire cesser les infamies de la prostitution et les désordres de l'adultère ? Dans la politique on voulait l'*égalité* des hommes entre eux, pourquoi n'espérerait-on pas l'*égalité* de l'homme et de la femme ? La destruction des droits féodaux est loin d'être accomplie, car une moitié de l'espèce est encore inféodée à l'autre, et la révolte du vassal contre son seigneur et maître est assez fréquente ; la brutalité du maître à l'égard du vassal est assez dégoûtante pour qu'une nouvelle nuit du 4 août se prépare.

Je sais bien que ces idées sur l'avenir moral de la femme font rire même ceux qui l'aiment et la respectent le plus ; mais vous qui avez si bien fait ressortir, avec Lavalette et Morand, la puissance des Cosaques, et qui en général sentez si bien la cavalerie légère en présence des cuirassiers, je vous demande si l'homme n'est pas généralement un vrai cuirassier.

Il y a assez longtemps, ce me semble, que l'homme règle la politique et la morale comme il l'entend, donnant à la femme la part qu'il veut bien lui *accorder*. Le temps des chartes *octroyées* est passé, le régime du *bon plaisir* est fini, le despotisme est un plus mauvais calcul en amour que partout ailleurs, et si des hommes ont voulu le faire disparaître du milieu des hommes, il n'est pas ridicule de penser que des femmes le repousseront un jour lorsqu'il voudra régner encore sur elles. Or, le moment de cette immense révolution nous paraît arrivé, parce que les femmes exerçant de *fait* une influence que le *droit* leur refuse, elles sont très-*majeures,* quoique la légalité les traite en *mineures,* et leurs chaînes fatiguent plus les bras, les épaules même de leurs tuteurs que les leurs, et le signe de servitude est plus souvent imprimé sur le *front* de l'homme que sur celui de la femme, et enfin l'homme est si impuissant pour engendrer l'ordre et l'harmonie à lui seul, dans l'état et dans la famille, que le moment approche où il comprendra que pour toute génération la femme est indispensable.

Vous aurez peut-être peine à vous expliquer d'abord, comment moi, qui vous ai si peu connu, mon cher Brack, sur le seul témoignage d'affection que vous venez de me donner, je vous écris une longue lettre pour vous exposer nos idées et vous mettre au courant de notre plan de campagne. Il y a mille raisons pour cela ; je peux les résumer toutes en une seule que je vous ai déjà dite : Vous *devez* beaucoup aux femmes, car elles vous ont beaucoup aimé ; et moi j'aime beaucoup ce qu'elles aiment, parce qu'elles désignent par leur amour ceux de qui elles attendent le bonheur. C'est à ces hommes que je dois donc confier la sainte *conspiration* des esclaves ; vous avez été carbonaro, et il s'agit de quelque chose de mieux ici, car une pareille révolution ne peut être que pacifique et douce comme la femme elle-même.

Le véritable ami du peuple, c'est l'ami de la femme. On a réclamé les droits de l'homme ; ils ne sont rien, si on ne reconnaît pas ceux de la femme, et si celle-ci ne les consacre pas elle-même en toute liberté ; on a voulu faire de la politique sans morale, une société sans familles, et quand on a parlé de *liberté* et de *raison*, on n'a su trouver d'autre place, d'autre rôle pour la femme que ceux des déesses païennes ; on a coiffé une fille du bonnet phrygien, on a drapé une autre fille d'une robe antique ; plus tard on n'a vu d'autres soutiens de la prospérité publique que dans l'*électeur*, le *garde national* et le *juré ;* enfin aujourd'hui la marmite représentative est un tel gâchis que chacun s'en dégoûte ; elle est presque renversée.

Et maintenant que vous savez notre but, comprenez les moyens que nous avons pris pour l'atteindre. On a beaucoup critiqué, blâmé, condamné, réprouvé les idées que j'ai émises sur l'avenir de l'homme et de la femme ; on m'a accusé de prêcher la polygamie, le libertinage, que sais-je, l'inceste et mieux encore. La question n'est pas là, puisque j'ai dit moi-même que tout ce que j'avançais sur les relations de l'homme et de la femme, je le considérais moi-même comme un rêve, tant que les femmes n'auraient pas librement prononcé sur la bonté de ces idées ; ce que je voulais, c'est que le monde entier sût, et que les femmes surtout apprissent qu'il y avait des hommes qui plaçaient tout leur espoir religieux, moral, politique, dans l'ÉGALITÉ de l'homme et de la femme (égalité ne veut pas dire *identité*, comme on le suppose en général, quand on nous accuse de vouloir faire faire à la femme les *mêmes* choses qu'à l'homme). On a beaucoup blâmé nos idées, dis-je, et on n'a pas songé qu'ainsi on proclamait l'existence de cette petite société d'hommes *précurseurs* de l'affranchissement des femmes ; que par là on révélait aux femmes elles-mêmes, surtout à celles qui souffrent le plus de la subalternité religieuse, politique et morale qui pèse sur elles, le sentiment de leur indépendance ; et qu'on excitait ainsi en elles au moins la curiosité pour notre œuvre, car c'était les *hommes* qui nous condamnaient, et il y a bien des femmes qui aiment ce que certains hommes condamnent, quand il s'agit de leur liberté.

Le fait est que grâce à ce concert mâle d'accusations et de calomnies, il y a peu de femmes qui ignorent aujourd'hui que nous prêchons l'égalité de l'homme et de la femme, et que nous sommes les seuls publicistes, les seuls moralistes, les seuls hommes religieux qui en fassions la base de la politique, de la morale et de la religion. Or, nous n'avons pas d'autre mission, nous sommes des annonciateurs de cette vérité fort simple, savoir : que puisque l'humanité est *mâle* et *femelle,* il serait assez naturel que les liens moraux politiques et religieux fussent établis, maintenus et perfectionnés par la femme aussi bien que par l'homme.

Quant à l'absurdité et à l'indécence des idées que nous avons produites sur la morale d'avenir, il est bon de remarquer d'abord que si elles étaient réellement aussi absurdes qu'on le dit, il y a longtemps qu'on n'en parlerait plus, et en second lieu, que ce qu'on nomme l'indécence est aujourd'hui une condition obligée pour attirer l'attention publique, si l'on en juge par les théâtres, les romans et la peinture. Mais, je le répète, la question n'est pas là ; sait-on qu'il y a une troupe de jeunes hommes, tous aimant beaucoup les femmes et qui se sont voués pourtant, momentanément, il est vrai, au célibat, qui appellent les femmes à la liberté, afin de favoriser leur émancipation ; qui proclament de toutes manières leur égalité avec l'homme comme religieuse, indispensable et très-heureuse pour tous ?

Voilà ce qu'il nous importe de faire savoir aux hommes, mais surtout aux femmes.

Placé à ce point de vue, vous comprendrez tous nos actes, depuis notre célibat jusqu'à notre costume, depuis nos procès jusqu'à nos courses individuelles au milieu de Paris, depuis les injures que nous adressent les journaux et les avocats généraux jusqu'aux cris des gamins et aux grossièretés de l'ouvrier ivre ou du garde national sortant de sa boutique.

Il y a aujourd'hui un assez bon nombre d'hommes qui nous disent qu'il est déplorable de nous voir faire de pareilles *niaiseries*, nous qui avons montré autrefois quelque talent en économie politique, en politique ou dans des fonctions spéciales d'ingénieurs, avocats, médecins, négociants, etc. Plus ils trouvent que nos actes sont pleins de puérilités, plus ce devrait leur être un sujet de réflexion, s'ils nous jugent d'ailleurs comme ayant eu autrefois quelque mérite. Pour un seul homme, pour moi, peut-être pourraient-ils dire que je suis fou, que je suis monomane; mais pour une troupe d'hommes déjà assez nombreuse, qui se recrute principalement à l'Ecole polytechnique, au barreau, à l'Ecole de médecine, c'est un peu plus difficile.

Eh bien, ils aiment mieux croire à ce miracle, à la transformation d'hommes de talent en idiots, que d'examiner.

S'ils nous considéraient, au contraire, comme un signal, comme un drapeau d'affranchissement pour la femme, ils comprendraient que tout notre art, que toute notre tactique doit consister à nous faire voir le plus que nous pouvons, et à inscrire le plus clairement sur nous-mêmes le signe que nous voulons faire lire par tous, même par ceux qui ne pouvaient pas lire notre *Globe* et nos ouvrages, et qui nous comprennent mieux en *voyant* notre persévérance, notre fermeté, qu'en écoutant de beaux discours académiques comme ceux que nous faisions autrefois.

Quand nous comparons l'immense publicité que notre existence a acquise depuis deux ans, à l'exiguïté des ressources pécuniaires que nous avons pu y employer, et au petit nombre d'apôtres qui s'y sont voués, il faut bien reconnaître, ou que le monde est merveilleusement disposé à s'occuper de questions pareilles, ou que nous sommes des magiciens qui forçons les hommes sages à s'occuper de niaiseries. Et lorsque nous voyons d'ailleurs les théories économiques que nous professions sous une grêle de quolibets, il y a huit ans, dans le *Producteur,* et il y a deux ans dans le *Globe,* passer à l'ordre du jour maintenant; lorsque nous voyons partout prêcher la construction des *chemins de fer* qui ont tant fait rire *Figaro* de nous, ou demander la destruction de l'amortissement qui nous faisait repousser autrefois par tous les financiers, ou encore réclamer l'institution d'un large système de banques et de caisses d'épargne que nous appelions dans le désert, depuis 1825, et que Saint-Simon prêchait déjà sous la Restauration naissante; enfin lorsque nous voyons qu'on s'occupe d'un projet de loi d'expropriation pour cause d'utilité publique, dans le but de modérer la faim dévorante du propriétaire, et que nous nous rappelons que dans le *Producteur* encore c'était un de nos thèmes favoris, puisque nous y avions formulé de la manière suivante nos idées sur la propriété: *Étendre aux besoins de l'industrie la loi sur l'expropriation pour cause d'utilité publique, en modifiant cette loi quant à ses lenteurs, à ses frais et aux conditions de l'expertise;* quand nous voyons toutes ces choses, il nous est permis de réclamer un peu d'indulgence pour les *folies* qu'on nous voit faire aujourd'hui, ne fût-ce que comme un juste salaire du bien que nous avons fait en produisant des idées neuves.

Un jour on verra bien qu'il y a absurdité à tourner dans la spirale sans fin des systèmes politiques, tant que la femme ne jouera pas un rôle dans les conceptions des publicistes ; que ce soit celui que nous lui assignons, nous hommes, peu importe, c'est le principe qu'il faut reconnaître ; mais il y a une foule d'intelligences assez lourdes pour se ruer contre une pareille idée, parce qu'elles ne conçoivent dans la politique que la guerre ou des élections, des gardes nationaux ou des gendarmes, parce qu'elles ne savent pas que l'*industrie* et l'*art* font partie intégrante de la politique, qu'on nourrit le *corps* avec l'une et quel'on exalte l'*âme* avec l'autre, et qu'à vrai dire la politique n'est pas autre chose que la science dans toute société où il n'y a pas des initiés et des profanes.

Que la guerre disparaisse de suite du milieu des hommes, nous ne sommes pas encore assez fous pour dire une pareille bêtise ; mais qu'un homme paraisse, qui ait pour les *arts* et pour l'*industrie* le génie que Napoléon avait pour la guerre, et cet homme sentira bien vite qu'il ne doit pas traiter la femme comme Napoléon traita madame de Staël, ni même comme il traita Joséphine. La femme n'est pas une couveuse de soldats en jaquette, pour l'homme qui sait que le poëte a toujours invoqué l'inspiration d'une muse et que l'homme ne désire jamais plus ardemment la *richesse* que pour en parer celle qu'il aime, et la *gloire* que pour lui en faire hommage, et la *puissance* que pour la montrer de plus haut au monde. Mais si la guerre ne quitte pas à l'instant les hommes, au moins peut-on hâter son départ, et agir comme si on voulait lui faire sentir qu'elle ferait bien de transformer son ardeur destructive en puissance d'association et de production.

Vous, mon cher Brack, en déposant momentanément votre épaulette, en suspendant votre épée au crochet rouillé de la Restauration, vous vous étiez fait encore cavalier léger dans l'industrie ; vous avez été des premiers à entrer en campagne avec Constantin, Glatigny, Rongevin, avec votre ami Bro, tous certainement excellents officiers d'avant-garde ; les cuirassiers vous ont culbutés dans vos fossés, vous avez été enfoncés dans les marais d'Enghien, à la plaine de

Passy et dans presque toutes vos affaires, excepté les premières. Certes, je me garderai bien de vous citer ceux qui se sont retirés de cette campagne sains et saufs, chargés même de butin, et sur leur monture prise à la grosse cavalerie ennemie, pour vous reprocher de ne pas avoir fait comme eux ; ils ont employé, en général, des ruses de guerre que j'aime peu, parce qu'elles ne renferment ni poésie ni amour. Mais votre déroute générale ne fut-elle pas une preuve de la mauvaise organisation du corps d'armée que vous aviez derrière vous et par qui vous pensiez être suivis et soutenus ? A cette époque on voulut faire la Société commanditaire de l'industrie ; mais quand bien même elle aurait pu se fonder, vous n'auriez pas réussi, parce que pour concevoir vos plans, vous ne vous étiez pas informés à l'avance si les femmes voudraient avoir des maisons de campagne à Saint-Gratien, à Passy, à Grenelle, à Beaujon, à François Ier, etc. Or, c'était là cependant toute la question. Ainsi nous sommes très-loin de dire que les femmes doivent faire les terrassements comme Magu, les plans comme Constantin, les actes comme Glatigny, la bâtisse comme Rougevin, ni même les courses à cheval et en tilbury comme vous ou le colonel Bro, mais nous prétendons que leur inspiration doit intervenir d'une manière très-manifeste dans toutes les entreprises des hommes, car en définitive l'œuvre doit être utile aux femmes aussi bien qu'aux hommes.

Leur éducation ne le leur permet pas, direz-vous? — Parbleu! je le crois bien, ce sont les hommes qui la leur imposent; ils en font bon gré mal gré des serinettes pour les faire chanter dans leur cage, ou des bayadères pour récréer les yeux quand ils digèrent. Une femme ne se vend pas bien, je veux dire ne se marie pas, si elle ne possède pas ces qualités, ou bien, si, selon la vieille morale d'avant Molière, elle ne sait pas coudre, filer et surveiller le pot-au-feu. Aussi est-ce l'éducation des femmes qui doit changer aussi bien que leur importance sociale; mais elle ne changera utilement pour elles que du jour où ce ne seront plus, je ne dis pas des jésuites, mais des hommes *seuls,* quels qu'ils soient, s'appelassent-ils Royer-Collard, Cousin ou Thiers, qui seront chargés de l'éducation *publique;* car le public est homme et femme, et à moins que M. Thiers ne soit un être à double nature, un hermaphrodite, il ne parviendrait pas à enfanter quelque chose qui fût capable d'élever les femmes à la dignité sociale qui leur est due.

C'est sur cette nécessité d'appeler les femmes à s'occuper directement et hautement de ce qu'elles jugent conforme à leur nature, et par conséquent à leur bonheur et au nôtre, que nous avons voulu appeler l'attention des hommes et surtout des femmes, certains à l'avance que les hommes nous accuseraient de répandre par là des sentiments très-dangereux, capables d'exciter leurs femmes à la révolte, en leur montant la tête avec le mot de liberté. Les maîtres, de tout temps, ont fait pareil reproche à ceux qui s'intéressaient au sort des esclaves.

Qu'on ne nous demande donc pas même comment nous concevons que la société sera organisée alors, s'il y aura encore une charte, un article 14, une chambre des députés, etc., etc. Notre pensée à cet égard est de peu d'importance ; l'homme d'ailleurs devrait être las des systèmes sociaux faits par des hommes ; ils tombent comme grêle depuis quarante ans. Avant de savoir *comment* la société sera organisée, il faut savoir par QUI elle sera organisée, et nous pensons que ce sera par l'homme ET la femme ; avons-nous tort? C'est ce que l'homme ET la femme peuvent décider, mais non pas l'homme seul. Aussi sommes-nous très-peu surpris d'être méconnus et mal jugés par les hommes, ou même d'être inconnus pour les femmes et souvent calomniés par celles qui ne nous jugent qu'à travers les journaux, les tribunaux, les auteurs dramatiques, les députés même, et en général qui ne nous connaissent que travestis par leurs maris ou même leurs amants ; mais tôt ou tard elles sauront ce que nous voulons pour elles, et alors comme elles verront que nous avons d'ailleurs prouvé aux hommes que nous en savions au moins autant qu'eux en politique, en histoire, en philosophie, et que nous avons de plus qu'eux le courage de nous exposer pour elles aux insultes de tous, aux plus rudes privations, au célibat surtout, nous qui sommes si remplis d'elles, à la perte même des affections qui nous étaient les plus chères et qui voulaient nous détourner de notre œuvre, alors nous aurons, comme après vos combats, la récompense et l'honneur ; et sous ce rapport vous devez sentir qu'un seul témoignage de femme qui encourage aujourd'hui nos efforts, guérit largement les blessures que les bourdons nous font. Leur dard blesse si peu, c'est comme la lance du Cosaque : toujours piquée dans la boue, elle s'émousse.

En voilà bien long, mon cher Brack ; je vous enverrai ces jours-ci un volume contenant la relation de notre procès ; j'espère que vous prendrez la peine de le lire, et nos chants dont je suis bien aise que vous connaissiez la musique, vous à qui Dieu avait donné, comme à mon frère, le cœur d'artiste, et comme à moi l'âme du chevalier. Adieu.

P. E.

XCV^E LETTRE

A BARTHÉLEMY ENFANTIN

Ménilmontant, 26 octobre 1832.

Père, dans ta dernière lettre à Aglaé, tu manifestes ton vif désir d'être bientôt à Paris, et tu nous annonces ton départ avec Émile. Je serai heureux de te voir, mais pour toi comme pour moi, laisse donc un peu de ces idées noires qui t'empêchent de rien voir avec joie, même le gain d'un procès. Moi qui ne désespère pas des événements malheureux, je peux bien ne pas danser des événements heureux, mais toi qui souffres tant des revers, tu devrais jouir de la bonne fortune. Je te le disais dans mes autres lettres : avec cette disposition, chaque moment de ton séjour à Paris sera une blessure pour toi, car tu sais bien que tu y verras une foule d'actes qui t'annonceront que nous sommes en apôtres et non en rentiers ; que notre vie est très-aventureuse et non pas fixe, que nous avons plus d'ennemis que de pièces de deux sous, enfin que nous sommes de vrais soldats, tous les jours en bataille. Ainsi tu as dû ces jours derniers souffrir beaucoup, en voyant dans les *Débats* que l'accusation d'escroquerie ayant échoué une première fois, on cherchait une autre forme pour la renouveler, et qu'au tribunal de commerce, au nom de MM. Laffitte et Cie, on allait demander la mise en faillite de Chaptal, afin, disait-on, de forcer MM. Enfantin et Protais à rendre compte, comme si nous nous étions refusés à le faire. C'est une honteuse manœuvre qui nous donnera l'occasion de montrer qui nous sommes, mais qui doit te désoler.

Tu apprendras sans doute bientôt, et ceci est en effet une vive douleur pour nous, que ce pauvre Humann, dont je parlais dans ma dernière lettre à Thérèse, n'a pas pu supporter l'état violent dans lequel sa famille l'a placé depuis un an, pour le forcer de s'éloigner de nous, et qu'il en est très-gravement malade. Sa tête est frappée dangereusement. Ceci n'a pas fait encore éclat, sa famille tenant à le laisser ignorer, car tout retomberait sur la brutalité de son père, dont nous avons des preuves écrites qui sont irrécusables, mais cela se saura inévitablement bientôt et probablement bien des indignités seront dites à ce sujet contre nous, qui te feront souffrir si tu ne vois pas enfin que là est ma destinée et si tu n'en prends pas une bonne fois ton parti. Jusqu'au moment où tu te seras dit une bonne fois : C'est son goût, c'est sa folie, il espère, espérons comme lui, nous souffrirons tous deux l'un par l'autre, et c'est vraiment absurde quand on s'aime comme nous nous aimons. Toi qui aimes si souvent à dire à ceux qui amassent et vivent largement : LA CAMARDE VIENDRA, tu devrais prendre la vie plus philosophiquement que tu le fais. Pour moi, je te réponds que malgré les douleurs qui sont attachées à ma vie, et parmi elles je compte en PREMIÈRE LIGNE tes inquiétudes, je ne changerais ni avec Bégé, ni avec Rothschild ; mais je pourrais vraiment me dire heureux, le jour où je te verrais plus calme sur ce qui me concerne. Voilà bien longtemps que j'espère arriver à ce résultat avec toi, et que cette pensée me tourmente. Père, délivre-moi et délivre-toi de cette cause de souffrance qui serait plus puissante à Paris qu'à Romans. Je sais bien qu'on ne se commande pas ces choses-là et qu'on n'est pas libre de ne pas avoir d'inquiétude, là même où d'autres n'en éprouvent point ; je te demande encore moins de dissimuler celle que tu ressens, tu en souffrirais davantage et moi aussi ; mais comme les inquiétudes que tu te forges tiennent à ce que tu désirerais me voir une autre existence que celle que j'ai, et que pour moi toute autre existence serait l'anéantissement, passe-moi ma folie, certain que tu es de pouvoir me donner toujours un morceau de pain. Tu sais bien que la fortune n'est pas le bonheur, puisque tu le dis toi-même à Augustine, et que tu nous as toujours montré par ton exemple, qu'on pouvait vivre avec peu de chose. Sous ce rapport, je t'assure que notre vie ici est une application sévère de tes principes ; nous dépensons excessivement peu, et nous nous sommes faits à supporter toutes espèces de privations, c'est encore là un de tes principes.

Passons à autre chose. Selon toute apparence, L*** sera député cette année ; il donnera un bon coup d'épaule à la tribune ; il est inutile que tu parles de cet espoir ; quoiqu'il nous ait quitté, sa qualité de saint-simonien est encore un obstacle, surtout si on le croyait encore avec nous. La *Gazette de France* nous fait la cour, et pour peu que cela continue, il y a des nigauds qui diront bientôt que nous sommes vendus à Holy-Rood. Il est vrai que d'un autre côté la *Tribune* fourre nos idées accommodées à la cause républicaine. Le peuple, à Paris, depuis le jugement, est plus respectueux envers vous ; les cris sont très-rares envers notre habit ; je ne sais encore quelle sera la date de mon pourvoi en cassation ; il est très-possible que nous le perdions, malgré le droit évident, mais tu y es, j'espère, préparé, et je t'assure que quelque temps de prison ne m'irait pas mal du tout ; je serais certain de faire par là plus de pas dans beaucoup d'esprits que par tout autre moyen, et d'ailleurs j'y serais avec

Michel et Duveyrier. A nous trois, nous avons beaucoup à écrire, surtout pendant la tenue des Chambres.

La politique se gâche tous les jours davantage ; une crise approche, qui j'espère ne sera pas sanglante comme en 93 ou en 1830, mais les esprits travaillent trop pour qu'on n'en vienne pas à quelque grand mouvement. Je ne sais si la duchesse est réellement en France, je ne le crois pas, car je crois que son parti ne la suppose en France que pour maintenir l'éveil sur sa cause ; mais si elle y est encore et si on la prend, il y aura là un grand embarras pour le gouvernement dont il ne se tirera pas, et ce sera une belle occasion pour l'abolition de la peine de mort et pour la part que les femmes pourront et devront prendre à cette large révolution dans la législation.

Adieu, père, nous avons déjà bien froid ici, et le bois coûte cher ; mais nous nous remuons ferme, c'est économique ; Aglaé et Augustine se portent bien. Augustine engraisse un peu trop cependant ; je n'en dirais pas autant à Aglaé. Holstein vous embrasse tous. Nos missionnaires du Midi sont reçus partout on ne peut mieux ; ils vont nous envoyer quelque argent dont nous avons grand besoin.

Adieu, je vous embrasse tous.

P. E.

XCVI[e] LETTRE

A SAINT-CYR NUGUES, A ANVERS

Ménimontant, 25 novembre 1832.

Mon cher Saint-Cyr, tu dis : « Je *hais* le « CHARLATANISME partout où je le rencontre. Or, « c'est imiter les CHARLATANS que d'*affubler* « votre philosophie, quelle qu'elle soit, d'un « *manteau* mystique, à travers lequel nous « voyons des hommes à talent et à bonnes in- « tentions tant que tu voudras, mais des hom- « mes qui annoncent le projet d'*imposer* des « croyances et des mœurs nouvelles, et PRÉTEN- « DENT qu'ils sont des apôtres ou des prophètes « qui ont leur messie et leur révélation. Cette « marche est *mal calculée* pour le siècle actuel,

« où vous aurez contre vous les croyants et les « indifférents, c'est-à-dire tout le monde ; elle « est *maladroite* par *l'orgueil excessif* qu'elle « dévoile, ou par *la ruse grossière* qu'elle « laisse apercevoir ; car je *ne puis imaginer* « *qu'à force de vous dire que vous êtes des* « *apôtres, vous vous le soyez persuadé* à « vous-mêmes. »

Je voulais ne pas répondre, mais je lis dans les journaux un ordre du jour signé de toi et finissant ainsi : « L'armée du Nord, comme la « capitale, éprouvera la même indignation de « ce crime, et la même joie de ce que la *Pro-* « *vidence* l'a fait échouer. TOUTE LA FRANCE, « dans un pareil moment, se rallie autour du « trône constitutionnel que la révolution nous a « donné, autour de *Louis-Philippe* qui est le « lien de tous nos intérêts d'ordre et de liberté, « et autour de la *dynastie* qui est la garantie de « notre avenir. »

Je ne voulais pas te répondre, dis-je, et d'après ce que je t'avais écrit, je n'attendais même pas de lettre de toi ; mais tu parles de *Providence*, ce grand nom me rappelle que pour moi, pour toi, pour tous, j'aurais *tort* de me taire.

Saint-Cyr, dans quelques mois j'aurai trente-sept ans; je suis homme. Depuis sept années, j'attends que ton opinion change sur moi, car elle me pèse douloureusement; j'attends, car je te dois cette patience, mais ta dernière parole est bien injurieuse!

Tu crois donc à la *Providence,* puisque tu l'écris et le signes, et que tu hais le *charlatanisme;* tu y crois, puisque tu te sers de son nom afin d'exciter l'amour des soldats pour leur *Roi* et sa *dynastie,* et leur indignation contre le crime.

Et moi je serais un CHARLATAN *rusé,* mais *maladroit* et *grossier,* ou un *orgueilleux* IMPOSTEUR, parce que je sens et je dis que la *Providence,* qui, à travers les siècles, suscite des hommes par lesquels elle fait largement marcher les peuples, nous a marqués au front du signe de cet apostolat. Je serais un *menteur,* lorsque toi tu proclames qu'*Elle* a fait échouer un crime et que *toute* la France se rallie autour de Louis-Philippe et de sa DYNASTIE!

Je te le dis encore, Saint-Cyr, ta parole est bien injurieuse; je suis *homme* et je t'en rends grâces, car ta main a puissamment contribué à me faire ce que je suis. Je suis *homme,* et j'ai attendu longtemps que ton opinion sur moi fût meilleure. Mais songes-y, je t'en prie, le temps n'est-il pas venu où je ne puis et ne dois plus recevoir bénignement, même de toi, la leçon avec l'injure ?

Tu crois à la *Providence*, je te le répète, parce que si tu t'étais servi de ce beau nom comme d'un mot banal, ce serait là un *terrible charlatanisme ;* car si tu te proposes d'exciter l'amour pour *Louis-Philippe* et sa *dynastie,* il peut résulter aussi de ta parole que l'indignation et la haine des hommes armés se soulèvent contre ces factions aux poignards desquelles Louis-Philippe lui-même dit qu'il est échappé ; ce serait un *terrible charlatanisme,* car ce mot de *Providence* (tu le sais puisque tu l'emploies), trouve de l'écho dans bien des âmes ; il est *sacré* pour plusieurs, et commande le devoir et l'honneur.

Tu crois à la *Providence* et à l'amour de TOUTE la France pour *Louis-Philippe* et sa *dynastie,* pour ces garanties d'avenir ; tu y crois car tu l'affirmes et tu hais le *charlatanisme ;* voilà donc ta profession de foi *politique* et *religieuse.* Je la crois sincère, et je puis dire comme toi que je n'accuse pas ton cœur, mais ton jugement et surtout ta *position.*

Je les accuse, parce que croire et dire que TOUTE la France se rallie à *Louis-Philippe* et à sa *dynastie*, c'est une prodigieuse illusion pour qui lit seulement les *journaux ;* ce serait une véritable folie pour qui verrait le *Peuple*. Que ce soit un bien ou un mal, ce n'est pas la question, et tu sais d'ailleurs que nous ne sommes ni carlistes, ni républicains, peu importe donc ici ; mais le fait est faux.

L'Ouest et le Midi fourmillent de carlistes ; la *Gazette,* la *Quotidienne*, le *Courrier de l'Europe* ont, je pense, à peu près autant d'abonnés que les *Débats* et le *Nouvelliste ;* la presse de province compte plus de quarante organes puissants du parti rétrograde ; et que pensent les rois de l'Europe ?

L'Est et le Nord sont pleins de républicains ; et le *Constitutionnel,* malgré sa nombreuse clientèle, qui d'ailleurs est considérablement diminuée, n'est pas plus puissant aujourd'hui sur les *masses* que le *National,* le *Courrier* et la *Tribune* réunis ; enfin combien de journaux de province et de réunions connues ou secrètes attaquent le *trône* et la *dynastie !*

Et maintenant je ne te dirai plus : Cette guerre intestine toujours menaçante est-elle un bien ou un mal ? — C'est un mal, il existe, c'est la vérité ; le contraire est aveuglement chez les uns, mensonge et *charlatanisme* chez les autres.

Toi même, Saint-Cyr, dépouille ton habit *officiel,* je te prie, et dis-moi s'il est possible d'affirmer sur l'*honneur*, que la France *tout entière* se rallie autour du *trône* et de la *dynastie*.

Mais mon but n'est pas de récriminer contre toi, et de te prouver que tu *affubles* la politique d'un *manteau* religieux et monarchique, parce que tu m'accuses, moi, de jeter sur ma *philosophie* une robe de mysticisme et d'imposture ; ce que je veux, c'est te faire sentir ce qu'il y a de douloureux à m'entendre dire par toi qui me connais depuis mon enfance : *Je ne puis imaginer que vous vous soyez persuadé à vous-mêmes ce que vous dites.*

Si tu disais que tu ne peux imaginer comment il est possible que *toi* tu puisses croire que *je* suis un *imposteur,* je concevrais cette forme, et je t'expliquerais la difficulté : tu ne sais pas où va l'humanité, et ceux qui *prophétisent* son avenir te paraissent des *menteurs ;* c'est un phénomène très-connu dans l'histoire de l'espèce humaine. Je te demanderais alors, sinon de croire à leurs prophéties, au moins de croire qu'ils sont *persuadés eux-mêmes* de leur qualité de prophète.

Je regretterais que le ton de ma lettre te déplût, mais je te le répète, j'ai besoin que tu veuilles bien aujourd'hui croire à ma parole d'honneur, en ce sens au moins que tu ne m'accuses pas de ne pas être *persuadé moi-même* de ce que je dis. Libre à toi de douter de la *vérité* de ma parole ; pour cela j'attendrai ; c'est l'affaire du *monde* et non la *mienne,* il t'ouvrira les yeux ; j'attendrai.

Tout à toi.

P. E.

XCVII^e LETTRE

A AGLAÉ SAINT-HILAIRE

17 décembre 1832.

Ma chère Aglaé, je vous renvoie la lettre de Gustave ; je me suis fait une loi de ne rien lire de lui pour le moment ; je vous la renvoie donc sans l'avoir lue.

Nous sommes très-occupés de notre casement et nous nous portons bien, très-bien. — Rappelez-vous que nos lettres par la poste sont toutes *ouvertes* par le directeur de la prison.— Il faut les remettre à quelqu'un qui les donnera en mains propres.

J'embrasse le père. — Je n'ai pas encore ouvert vos paquets. — Je voudrais bien des pantoufles rouges fourrées. — Adieu, les femmes travailleront ferme cette année. Gloire à elles d'avance. Vous, bonne amie, je vous embrasse.

Sainte-Pélagie, 2me jour.

P. E.

XCVIIIe LETTRE

—

A AGLAÉ SAINT-HILAIRE

18 décembre 1832.

Vous me demandez de vous dire ce dont nous avons besoin, chère Aglaé; je n'en sais rien encore, car cela va dépendre beaucoup de nos arrangements définitifs après le départ de Duguet, d'une part, et de Fournel, de l'autre. Je pense que Mme Petit enverra quelque argent à son fils pour les dépenses des quatre restants ; il est difficile qu'elle ne leur donne pas la haute paye qu'elle donne à Lyon. Nos dépenses ici, une fois casés, seront faibles ; nous avons eu quelques frais de premier établissement : cheminées, poêles, bois, déménagement ; mais maintenant, si nous avons du vin, du tabac, avec 100 francs par mois, pour nous deux, je crois que nous pourrons faire assez de générosités à nos compagnons de prison, et c'est surtout pour cela que je désirerais quelque argent. Je serais étonné que la province ne subvînt pas très-largement à tout cela.

Aussi *l'affaire* qui m'occupe ici est-elle toujours la même, *la liquidation du passé,* et comme heureusement jusqu'en juin, nous ne sommes pas très-chargés, je crois que nous en viendrons à bout.

J'ai appris par vous seule la visite d'Husmann rue Monsigny, et je ne sais même absolument rien sur ce pauvre garçon ; c'est un peu fort.

Au reste, j'ai écrit à Cécile; j'espère que ma lettre lui aura fait plaisir.

Bonjour, je répondrai une autre fois.

P. E.

XCIX[e] LETTRE

A AGLAÉ SAINT-HILAIRE

19 décembre 1832.

Ma chère Aglaé, quand je suis allé avec Rodrigues voir Buchez, au moment où Bazard venait d'avoir son premier coup de sang, pour le lui annoncer, Buchez a cru que je venais le chercher pour le ramener à nous, et de suite il se mit à discuter dogme ; je l'arrêtai et lui dis que je le priais seulement d'insérer cette visite sur ses tablettes, et qu'il la retrouverait plus tard, comme témoignage de mon affection, comme souvenir de 1831. — Je n'ai fait ma dernière lettre qu'à cette intention, même pour ceux qui auraient pu y répondre par leur présence : car je ne comprends vraiment pas ce que Jules, Transon, Reynaud et Leroux pourraient faire maintenant avec moi et par moi. On prend souvent nos prévisions pour l'avenir comme étant chez moi des désirs présents : on se trompe ; c'est sans doute ma faute, mais le but que je désire, et qui seul est utile, est accompli ; c'est tout ce qu'il faut pour le moment. — De même (dans un autre sens) ce n'est pas seulement pour *moi* que je ne lis pas les lettres de d'Eichtal, c'est pour d'Eichtal surtout ; c'est pour lui faire perdre, non l'habitude de se mêler de nous, mais l'habitude de ne se mêler *que* de nous ; je sais bien que malgré *mes rigueurs,* il s'occupera toujours suffisamment pour lui et pour nous de ce que nous faisons ; mais sans mes *rigueurs,* il serait encore à Paris à se casser la tête contre son père, son frère, sa mère, Duveyrier, moi, vous, etc.

Votre projet de lettre à Mme Petit pour la famille Lambert me fait bien plaisir ; faites et faites vite, car je crois que cela presse. Pauvre Lambert ! voyez-le le plus souvent possible ; c'est lui qui me fait le plus de peine dans toutes nos révolutions ; dites-lui bien aussi comme je l'aime, car il en a besoin et cela est bien VRAI.

Je ne vous ai pas vue aujourd'hui, mais vraiment notre parloir est si dégoûtant, et je suis si vexé de causer avec qui que ce soit, surtout avec une femme, surtout avec vous, devant un tiers étranger à nous, que j'aime mieux, pour vous et pour moi, rester dans ma chambre. J'ai reçu une lettre d'Adèle qui me demandait à venir, je lui ai répondu aussi qu'en ce moment c'était impossible, en lui donnant les mêmes raisons. Je crois même que le père fera bien d'attendre, parce que j'espère, la prison se dégarnissant beaucoup, que nous obtiendrons bientôt plus de facilités. Je suis très-content de la boîte de Saint-Simon et j'en remercie le bon père en l'embrassant, et Augustine par-dessus le marché.

Vous demandez si nous avons des journaux ; oui, sans doute, mais nous demandons à Marie quelques livres.

Quant à ce que vous désirez savoir sur la suite des affaires que mène Fournel, j'en suis encore aussi ignorant que vous : nous allons voir ces jours-ci. Il faut vous dire que nous avons été pris, Michel et moi, d'un si grand bien aise de *far niente,* après cette terrible épreuve de Ménilmontant, plus dure que ce que nous avons jamais fait l'un et l'autre, que nous nous sommes reposés avec délices, et avons, *pour ainsi dire*, pendant quelques jours, *tout oublié*. Nous n'avons encore rien écrit à Lyon, à Barrault et ailleurs; plus nous allons même, et plus nous sentons que cette prison, toute providentielle, doit nous éclipser momentanément, pour laisser, comme vous le sentez fort bien, *les désirs excités par l'empêchement* se développer en toute liberté, avec leur vigueur individuelle; c'est en ce sens que nous parlerons, selon toute apparence, à tous les enfants. Nous avons, Michel et moi, beaucoup de choses à faire qui exigent que nos esprits soient tranquilles comme le sont nos corps à l'égard du monde extérieur; sans cela nous ne serions pas prêts pour apporter notre digne contingent à l'œuvre quand nous sortirons de prison, et d'ailleurs cette incarcération rend impossible et dangereuse, impie même, toute *direction* que nous nous efforcerions à donner à tous les efforts divisés.

Enfin le milieu même dans lequel nous nous trouvons, mérite toute notre attention, tous nos soins, je dis plus, nos affections; car c'est une mine assez précieuse, recouverte de beaucoup d'ordures, mais qui renferme de fameux filons.

L'ingénieur Michel et moi nous devons en tirer parti ; je vous en parlerai plus tard.

Dites à Thérèse, par vous ou par mon père, ce que je vous dis sur le parloir : si je ne peux pas obtenir qu'on vienne dans ma chambre, je ne peux voir aucune femme dans ce cabaret qu'on appelle parloir. Au reste je vais lui écrire un mot.

Rappelez-vous, quoique ce ne soit pas affaire de femme, que toutes les fois que vous pourrez me faire envoyer tabac à priser ou à fumer, chiquer, etc., j'en serai très-content, parce que ce sera pour moi un moyen de faire plaisir à des malheureux qui n'ont que cette consolation, et qui souffrent du froid, du célibat, et d'une assez triste nourriture.

Nous sommes supérieurement dans notre appartement, qui rappelle celui de la Caisse hypothécaire, Michel remplaçant Holstein, et le gérant du *Corsaire*, homme de cinquante ans environ, remplaçant le père Holstein. Voici le plan. C'est au premier étage, fenêtres sur la grande cour.

Vous voyez que nous sommes comme des princes ; faites part du plan à qui de droit, c'est-à-dire à ceux qui nous aiment.

Déjà une bonne partie des prisonniers, les républicains surtout, m'appellent le père, et vraiment il y en a beaucoup que j'appellerais volontiers mes enfants, mais il faut du temps pour que cela vienne convenablement.

Voilà le premier volume que je fais depuis que je suis ici, car nous dormons, mangeons et fumons ou nous chauffons vingt-deux heures au moins sur vingt-quatre.

Dites bien au père que jamais meilleur remède préventif n'a été inventé pour éviter les conséquences d'une vie aussi laborieuse que celle que j'ai menée depuis quatre ans. Michel engraisse à vue d'œil et casse toutes ses ceintures.

Bonsoir, car il faut que j'écrive à plusieurs; je vous embrasse.

P. E.

Cᴱ LETTRE

A LAMBERT

19 décembre 1832.

Mon cher enfant, la première fois que tu viendras, je ne te verrai probablement pas encore, car le parloir n'est pas encore digne de moi ; je n'ai pas pris possession de tout le palais, cela viendra bientôt ; mais viens toujours, Michel te remettra un roman de Mme Dudevant, *lequel*, je te prie de lire, et *laquelle*, je te prie de voir. Il y a beaucoup de bon dans le dernier qu'elle a fait, *Indiana ;* tu seras, je crois, content, si ce n'est pas un peu *tard,* ce qui est possible. Mme Dudevant demeure quai Malaquais, 19. — Apporte-moi aussi des nouvelles du bon Stéphane, auquel je recommande fortement l'affaire diplomatique dont je l'ai chargé : il faut que je donne la liberté à Fournel au plus tôt, et Stéphane sait que son affaire influe beaucoup sur cela.

Quant à Charles, si tu le vois, tu peux lui dire

que la prison est charmante, qu'on y mange et qu'on y dort à ravir, que personne n'y maigrit, car Michel y engraisse : si tout cela le tente, il lui est facile d'en faire l'essai.

Embrasse ta bonne mère pour moi. Quant à ta sœur, je l'embrasse sur les deux joues, tu t'y prendras à deux fois ; je suis moins respectueux pour toi, je te baise comme tu voudras.

P. E.

CIᴱ LETTRE

A TÉRENCE HADOT

Sainte-Pélagie, 19 décembre 1832.

Mon cher enfant, Tourneux m'avait parlé de vous. Votre témoignage d'affection pour moi et de dévouement à notre œuvre m'est doux. Je vous recommande de voir quelquefois ceux de mes enfants qui restent près de moi, à Paris, Petit et Rochette, ou Ollivier et Holstein. Vous aurez par eux de nos nouvelles ; et leur foi fera du bien à la vôtre. Ils remplaceront l'affection vive de Félix pour vous, sans vous le faire oublier; car je pense que vous lui écrirez souvent.

Voici le moment où tous ceux à qui j'ai donné une vie nouvelle, doivent avec plus d'ardeur la transmettre au monde, afin qu'il apprenne qui *je suis*, en voyant qui *vous êtes* tous, vous qui m'aimez. Le monde verra que l'influence de ma *présence* n'est pas la seule puissance qui soit en vous; et que Dieu, par moi, vous a fait *hommes*. Car il ne m'a retiré pour un moment de vous, que pour vous offrir l'occasion de constater votre *majorité*. Pour le monde, Dieu est surtout en mes enfants aujourd'hui; car le monde les voit, et ne voit pas leur père. Préparez-le donc à me revoir.

P. E.

CII^E LETTRE

A ADÈLE

Sainte-Pélagie, 20 décembre 1832.

Ma chère Adèle, tu ne peux pas me payer cette dette d'ami dont tu me parles; nous ne pouvons ici recevoir que dans un parloir où je ne suis pas descendu, et où selon toute apparence je ne descendrai pas, surtout pour une douce visite de femme, surtout pour la tienne. Le parloir est rempli d'une cinquantaine de malheureux ouvriers prisonniers, recevant de leurs femmes, mères, filles ou maîtresses, un pauvre supplément à leur pauvre nourriture, et là, buvant, mangeant, s'embrassant, etc., etc. Si plus tard, comme je l'espère, par un séjour plus long au milieu de tous ces malheureux, je parviens à obtenir d'eux ce que je cherche partout, et que déjà quelques-uns d'entre eux me donnent, affection et respect, je verrais moins d'inconvénient, pour moi et pour ceux qui viennent me voir, à me rendre au parloir; j'en verrais moins aussi pour ces malheureux auxquels je ne pourrai faire tout le bien que j'ai pour eux dans l'âme, qu'en leur inspirant pour moi les sentiments dont je te parle.

Mais ta dette est payée, mon amie, puisque tu appelles cela une dette ; ton billet m'a fait du bien, comme tous tes témoignages de tendresse m'en ont toujours fait; mais ils me laissent toujours une douleur. Adèle, Dieu me sépare de tous aujourd'hui, mais particulièrement de toi pour te forcer à voir ce qui n'est pas moi dans le monde, pour ouvrir ton cœur à d'autres pensées qu'à celles qui se rattachent à moi ; songe donc que c'est vraiment m'aimer que d'aimer ce que j'aime, d'espérer ce que j'espère, de vouloir ce que je veux ; or, ce que je veux, mon amie, c'est la volonté de Dieu, c'est le bonheur des *femmes*.

P. E.

CIII[e] LETTRE

A CÉCILE FOURNEL

Sainte-Pélagie, 21 décembre 1832.

Ma chère Cécile, je voudrais bien savoir la réponse d'Adèle Desloges relativement à son habitation de Ménilmontant; un mot, je vous prie.

Je n'ai pas encore écrit à Henry, parce que l'installation de ceux qui viennent loger à Paris n'est pas faite, et que je ne sais encore quel *domicile* nouveau il faut indiquer. Je pense que Fournel ne fait pas moins les démarches préparatoires pour son affaire, et qu'il sera tout prêt à partir après la vente de la rue Monsigny. J'aurais bien désiré qu'il pût terminer l'affaire de la salle Taitbout avant, par Flachat et Péreire. Le pauvre garçon doit avoir grande hâte d'être tout à fait libre. Dites-lui de patienter quelques jours encore, nous avons tous notre chaîne.

J'ai appris, chère fille, que vous avez été bien fatiguée de vos trois journées ; mais aussi vous y mettez plus de force que vous n'en avez. Dieu sait où vont les peines en pareilles circonstances; c'est le mystère de votre vie dévouée ; *heureusement* je vais vous donner du repos pour quelques temps, n'est-ce pas? Vous allez être sage, sage comme une vraie CONSTANTE, aurais-je dit *autrefois;* aujourd'hui, je ne sais plus qu'en penser; c'est bien difficile à connaître les cœurs de femmes : qu'en dites-vous? Comment un homme a-t-il osé les analyser, les classer, les mettre en *théories!!* Fi l'audacieux et l'insolent personnage. Quant à moi, j'y ai perdu mon latin; j'attends avec grande impatience que les femmes s'en mêlent, peut-être qu'elles feront sur les hommes de curieuses *théories;* mais gare à M. Delapalme et surtout à M. le président Nandin.

La chère petite *vertueuse* part-elle bientôt? et la *beauté* se réfugie-t-elle au cloître de Bourg-la-Reine? Pauline a écrit à Michel. Elle se porte bien et le charge de mille choses pour vous, Clorinde et Caroline. La bonne petite voudrait bien savoir comment nos prisons sont faites.

Nous n'avons encore aucune nouvelle de Barrault et de sa troupe.

Aglaé a dû vous donner quelques détails sur notre prison, et vous dire que j'étais invisible en ce moment et pour quoi. Nous continuons à nous trouver bien de notre agréable séjour : nous avons tant besoin d'isolement et de repos !

Bonsoir, chère fille ; je vous le demande encore, soyez bien sage, et, si vous n'êtes pas contente de vous, arrangez-vous pour vous faire mettre en prison avec nous : je vous mettrai à la *raison*.

Je vous embrasse et Henry et notre petite *mobile*.

P. E.

CIV^e LETTRE

A HOLSTEIN ET DUGUET

22 décembre 1832.

J'attends la lettre d'Ollivier pour connaître ses propres idées sur ce qu'il croit que vous devrez faire à Paris ; car je voudrais pour vous comme pour tous que votre mission vînt surtout de votre propre inspiration. Il y a une chose capitale qui est loin des habitudes d'Ollivier, et qu'il faut cependant que vous ayez en vue : c'est notre liquidation ; pour cela Flachat pourra vous aider beaucoup à cause de sa position près du père de Gustave.

Votre habitation sera également le centre des ouvriers de Paris, surtout en ce qui concernera les affaires de Ménilmontant; du moins jusqu'au moment où les femmes dirigeront ces réunions-là, ce que vous devrez favoriser beaucoup par votre influence dans ce sens.

Dès que vous serez un peu débarrassé du gros travail, et je crois que cela avance, il faudra que tu voies Fournel pour qu'il te mette au courant de toutes les affaires de Paris. Duguet s'entendra de son côté avec Rochette et Petit pour que la correspondance soit bien à jour.

Je suis *très-peiné* que l'affaire de Barrault ne soit pas encore imprimée ; il faut à toute force que nous l'ayons le 25 ou le 26 au plus tard ; c'est une feuille d'impression tout au plus, je crois même une demi-feuille serrée. C'est 20 ou 30 francs. Ainsi, que Duverger s'en charge ou non, il faut le faire.

Duguet devra faire précéder cela d'un récit succinct et de la journée de samedi. Depuis notre départ de Ménilmontant, entrée à Sainte-Pélagie, transfert à la Conciergerie pour être écroué, attente dans cette prison pour Michel et moi, attente au Palais pour la famille, longueur des débats, description de la famille ; un mot sur les plaidoiries. Départ à 5 heures de Michel et moi pour Sainte-Pélagie, en indiquant que l'annonce du rejet nous a été faite par Aglaé, Cécile, Caroline, Clorinde et Sophie Lambert, qui sont venues au guichet de la Conciergerie. Départ de la famille par la barrière, description du repas d'adieu, et enfin paroles de Barrault.

Vite à l'œuvre, Duguet, c'est pressant, trèspressant. Je tiens à ce que ce soit Duguet, parce qu'il faut que par là son nom soit connu à Lyon. Je désire encore que Charbonnier soit nommé, comme nous ayant accompagnés dans toutes ces courses de prison, ainsi que Lambert qui a fait les deux premiers voyages, celui de Ménilmontant à Sainte-Pélagie et celui de Sainte-Pélagie à a Conciergerie.

Adieu, mes enfants, je vous embrasse.

P. E.

CV^e LETTRE

A AGLAÉ SAINT-HILAIRE

24 décembre 1832.

Vous avez raison, ma chère Aglaé, je dis que vous êtes toujours la même sur certains chapitres ; et cependant Dieu m'aurait trompé si vous deviez n'en pas finir un jour avec ce passé-là. Ce n'est pas seulement du rêve que je parle, c'est surtout de ce que vous me dites sur la *femme libre*; j'avoue que j'ai beau faire, je suis comme Thérèse; quant à ma lettre, je n'y comprends rien. Cette pauvre Suzanne! Quand donc, Mesdames, serez-vous, je ne dis pas même encourageantes, excitantes les unes pour les autres, mais seulement bienveillantes, je dirais presque seulement justes? Direz-vous que c'est l'ambition qui les fait agir; mais il n'y a pas grand mal à cela, c'est l'*a b c* de notre dogme qui fait marcher de front l'*humilité* et la *gloire*. Un pareil reproche serait digne d'un chrétien et non de nous. — Aglaé, ma chère amie, pour Dieu, pour moi, pour vous, pour tous, faites donc votre année de prison, je vous en supplie, et laissez dans le cachot la défroque critique; c'est une robe qui brûle comme celle du Centaure et qui donne le cauchemar.

J'ai ajouté *surtout* pour désigner la *femme libre* et non votre rêve, mais votre rêve ne me réjouit pas beaucoup plus, et vous-même ne devez pas avoir le cœur très-joyeux en vous réveillant sur pareille chose. Je sais bien qu'on n'est pas plus né pour être toujours joyeux que pour être toujours bien portant; mais, autant que possible, arrangons-nous pour n'être pas malades.

Au, reste parlons d'autre chose, car nous nous entendons peu sur ce sujet, et j'attends aujourd'hui de vous plus que de moi ce changement heureux que je désire tant en vous.

Votre permission pour venir devra servir ainsi : vous irez droit chez le directeur, M. *Prat,* et là il fera lui-même appeler Michel ; vous serez beaucoup mieux qu'au parloir, malgré le tiers qui est un fort bon homme, avec qui nous sommes très-bien.

Répétez, je vous prie, à Thérèse, que je ne vois encore personne.

Bonjour au père que j'embrasse ainsi qu'Augustine. A vous une bonne poignée de main pour la grondée que je me permets de vous donner.

Aujourd'hui, naissance du Messie des esclaves, les prolétaires de la prison ont fait réveillon dans leurs dortoirs. Dans l'un d'eux on a bu à la santé du Père, et l'on a chanté : les Saint-Simons sont de bons lurons.

P. E.

CVIe LETTRE

A AGLAÉ SAINT-HILAIRE

25 décembre 1832.

Ma chère amie, vous avez encore raison, vos vigoureuses boutades sont une grande partie de ma vie progressive; mais laissez-moi croire que les miennes font aussi partie de la vôtre; nous bataillons toujours et probablement toujours nous batailllerons, c'est une des formes que Dieu met dans le cœur de tous; seulement, avant Saint-Simon, et je puis dire avant moi, on ne savait pas le bénir de ce divin enseignement, et on rejetait sur le diable ce qui était bien de Dieu. Gloire à lui, chère Aglaé, et affection à moi, car ce que je sens, je veux le donner à tous; or, je sens combien votre vie de *Cassandre* et la mienne marchent dans le sens que Dieu veut.

Pour vous montrer que je profite de vos leçons et que j'ai du caractère, je vous renvoie encore la lettre de Félicie sans la lire; Dieu sait pourtant si j'aime cette excellente fille, mais je ne sens pas que la lecture de sa lettre puisse être bonne pour moi et pour elle. A propos de votre douce épître, je vais vous dire une bonne chose. Le changement brusque qui s'était fait dans le temps depuis hier, et la masse d'air que je me suis permis de respirer *dans la cour* toute la journée d'aujourd'hui, m'avaient secoué les nerfs d'une rude manière ; j'étais abruti, comme cela m'arrive quelquefois. — Je reçois votre lettre, je la lis, et me voilà sur pied, debout, vif, non pas gai, mais vert comme un printemps. Je vous rends grâces !...

Soyez sûre, ma chère Aglaé, que quand un homme seul commande à des hommes, il serait absurbe s'il voulait faire faire sa volonté sans *tergiverser*, quelquefois, parce que lui-même n'est pas *immédiatement* sûr de ce qu'il *doit* et *peut* faire faire, mais le plus souvent parce que celui qui *doit* faire veut faire autre chose que ce qu'il *doit*.

Quant à vous (car il faut que je vous rende toujours la pareille), soyez sûre que tout ce que je vous dis n'a pas pour but de vous empêcher de me confier, *à moi*, toutes vos idées, critiques ou autres, mais je voudrais vous montrer l'autre face des choses, pour que vous la reflétiez, non sur *moi* mais sur les *autres*, pour que Mme Voilquin, puisqu'il en est encore question, vous aimât, pour que Claire elle-même sentît, si l'occasion s'en présentait, qu'il y a pour *tous* secours dans votre cœur, pour que tous ceux enfin dont vous désapprouvez la conduite, Bouffard lui-même, pussent croire qu'il y a au moins un petit point d'attache entre vous et eux. La sécheresse de la lettre de la mère Petit doit vous en faire sentir l'avantage. C'est le contre-coup de la première entrevue avec Bouffard dans ma chambre, et surtout du refus de vous faire accompagner par ce galant chevalier.

Il y a une très-rude phrase dans votre lettre, très-rude, très-rude ; mais encore une fois je vous rends grâces, c'est peut-être à cette phrase que je dois l'éloignement des nuages que j'avais sur la tête, dans le cœur, et qui se dirigeaient vers mes yeux.

Je suis si encaissé dans ma prison que votre nouvelle sur F... est toute nouvelle pour moi ; mais vraiment vous auriez bien tort de vous affliger ; d'abord je crois que F... aura un petit orage à soutenir dont il sortira sain et sauf, et que cela le poussera même plus vite qu'il n'irait de lui-même, car, entre nous, F... a la robe trop longue, quoi que vous puissiez en penser. Que cela le pousse dans le *Constitutionnel*, c'est ce que j'ignore ; mais ce dont je suis sûr, c'est que, d'une part, le *Constitutionnel* (par F... ou par d'autres) ne sera pas muet. Que F... fasse au *Commerce*, au *Temps* ou au *Courrier* seulement, ce qu'il a fait au *Constitutionnel*, et je l'embrasserai trois fois plus que pour dix articles nouveaux du gros journal des épiciers.

Au reste, tout ceci tient toujours à une fausse idée que vous avez, et c'est celle-là que je déracinerai en vous, c'est de gémir sur des choses *faites*. Non-seulement à une époque apostolique on n'en a pas le temps, mais même à toutes les époques ce ne doit être que la plus faible partie de la vie d'un individu, c'est le *deuil*, ce qui ne veut pas dire qu'il faille être toujours en habit de *fête*; mais la vie n'est pas seulement *fête* et *deuil*, sans cela elle ne serait jamais calme.

Faisons un petit accord, je vous en prie, critiquez tant que vous pourrez et vous voudrez ce qui *va se faire*; dites-moi, par exemple, de gros mots, si vous les sentez, sur ma manie actuelle de laisser tous mes enfants faire *leur volonté* et non la *mienne*, sur ma fureur de *m'éclipser*, car, vous le savez, c'est là ce que *je veux faire*, c'est à cela que je veux montrer mon caractère.

Il me semble que je vous ouvre là une belle carrière ; je vous y attends de pied ferme.

P. E.

CVII^e LETTRE

A HOLSTEIN

25 décembre 1832.

Fais passer, je te prie, mon vieux, cette lettre à Gervais ; il est venu me voir le surlendemain de notre entrée en prison, je ne sais s'il te l'a écrit.

Je vous ai écrit ce matin une lettre pour vous trois qui vous aura mis en peine, j'en suis sûr, mais je compte si fort sur vous que je suis bien sûr que la peine ne sera que passagère et que d'ici à peu de jours nous serons tous fixés sur votre œuvre.

Tes observations sur ton éloignement pour les affaires d'argent, je les conçois fort bien, on ne peut mieux; je sais tout ce que l'affaire de ce malheureux Chaptal, où il y avait zéro en caisse, m'a donné d'embêtement de tout genre. Je ne crois pas toutefois que la nôtre soit de même nature, par la raison que j'ai foi que nous payerons, et même à très-peu près aux échéances; mais enfin, je te le répète, ni Ollivier ni toi ne me semblent faits pour cela, et bien certainement une prison vous irait beaucoup mieux. Ensuite que devez-vous faire? L'embarras pour moi est toujours le même, et comme je serais très-naturellement porté à dire qu'il faut faire ce qu'il y a à faire dans ce moment, et ce que personne ne me paraît propre à faire (la liquidation et la famille de Paris), j'en reviendrai toujours, *moi*, à ces deux objets, s'il ne sortait pas de *vous* quelque chose de net sur ce que vous VOULEZ, *devez* et *pouvez* faire. Ce dont je suis bien certain, c'est que si vous ne faites pas cela, d'autres le feront quand vous aurez choisi votre œuvre; ce que je sais aussi, c'est que la plus mauvaise chose du monde serait de faire votre œuvre à contre-cœur; moi, par exemple, si j'étais à contre-cœur en prison, j'y serais très-malheureux, tandis que je m'y trouve vraiment bien et avec tout le CALME convenable.

Aujourd'hui je t'écris deux fois ; aujourd'hui, jour de la naissance du Christ, je tiens Marie belle et grande en présence de Dieu, avec un large espoir. Aujourd'hui je sens que toutes ces semences, jetées avec mon nom depuis trois années, que je me sens père de la famille nouvelle, germent et poussent par le monde ; j'attends la moisson ; elle sera belle ; prenez vos faucilles, mes enfants, repassez-les et cherchez où manque le moissonneur ; respirez les parfums de la gerbe nouvelle, de la grande gerbe dont les femmes et le peuple ont faim, le doux parfum de la *Mère*, l'attente est encore pour moi ; pour vous, je crois, est la RECHERCHE, car vous n'attendez pas seulement la *Mère*, vous cherchez les filles ; et qui de vous encore a donc fait son appel à une femme comme votre père a fait le sien?

Tout ce que je vous dis là (je ne saurais trop vous le répéter), ce sont toujours des nuages, des rêves que je fais passer devant vos yeux ; peut-être aucun d'eux ne *doit*-il vous séduire, peut-être la *fidélité* patiente et presque muette est-elle le lot de quelques-uns de vous, peut-être nos vieilles familles, nos vieilles amitiés réclament-elles de vous des actes spéciaux d'affection intime, peut-être... peut-être... car *je* rêve quand il s'agit de vous et j'attends.

Mon bon vieux, cette attente est la seule douleur que j'éprouve à présent, car il me tarde bien de savoir que le plan de votre vie pendant mon séjour en prison est arrêté dans vos têtes et que vous marchez vers l'avenir confiants et calmes comme je le suis, certains que ce que vous faites est votre tâche, sûrs à l'avance d'avoir l'approbation de votre mère et l'admiration de toutes les femmes et l'amour passionné de l'une d'elles.

Bonsoir à tous trois (*Duguet et Ollivier vivaient avec Holstein.*)

Dis à Duguet que si je ne lui écris pas spécialement, je ne l'en aime pas moins, mais que pour lui surtout je désire que, pour ainsi dire, il soit déjà en marche pour son œuvre, quelle que soit cette œuvre, à Paris ou à New-York.

P. E.

CVIIIE LETTRE

A OLLIVIER, HOLSTEIN ET DUGUET

27 décembre 1832.

Mes chers enfants, c'est à vous trois que j'écris, parce qu'il y a une foule de choses semblables dans la position de chacun de vous; la preuve c'est que vous êtes restés seuls de la famille.

Toutes les hésitations, contradictions et modifications biscornues que vous voyez depuis quelques jours dans notre correspondance réciproque vous feront sentir, je l'espère, la vérité et la sainteté de ce que je disais à Holstein dans ma première lettre, sur mon impuissance à vous donner une *direction fixe;* le signe que Dieu a mis à cette parole, c'est l'isolement complet où je suis de vous. Je ne m'explique même les avis que je vous ai ouverts, que parce qu'ils devaient faire naître chez vous cette conviction que c'est *en vous-mêmes* que vous devez trouver votre œuvre, EN CE MOMENT (comme dit Michel).

Qu'Holstein n'attende donc pas que *je le charge* de la liquidation, et Duguet et Ollivier que *je les envoie* à Lyon. Je ne peux même ni approuver ni condamner *avant* l'œuvre, quelle qu'elle soit, mais bien *après ;* et toutefois je ne crois pas du tout mauvais de vous ouvrir des *avis*, pourvu que vous ne les preniez que pour des avis. Ainsi, par exemple, je demanderai à Duguet et à Ollivier : Avez-vous bien foi que ce soit à Lyon et non pas à Nantes ou en Égypte, ou à Constantinople ou à Berlin (je mettrais des *ou* tant que je voudrais) que vous devez aller?

Duguet me demande une lettre pour le réconforter; qu'il soit tranquille, quoi qu'il fasse, je ne le laisserai pas sans un souvenir de moi ; probablement ce ne sera pas une lettre, s'il attend que cette lettre soit une approbation formelle de sa mission. J'ai tant de foi en vous que quelle que soit la voie que vous suiviez, je l'approuverai, si je vois qu'elle est bien tentée par vous, par la manière dont vous me la présenterez, si même vous me la soumettez à l'avance, car il se pourrait qu'elle fût de nature à être mieux faite par vous si vous n'en parliez à personne, même à moi ; ceci est encore un *avis* que je vous présente.

Mes chers enfants, je sais bien que cette *phase* nouvelle de votre vie est plus difficile encore à sentir, à comprendre et à pratiquer (surtout par vous trois) que toutes les précédentes; aussi arrive-t-elle quand toutes les autres vous ont préparés à être vraiment HOMMES ; mais rendez grâces encore à Dieu; cette phase ne peut durer plus d'une année, et il y a tant d'hommes qui n'ont pas de père *absent*, pas de mère *appelée !*

Encore un avis que je vous ouvre : n'oubliez pas que vous êtes restés trois, que vous êtes tous trois de très-belle mine, que cette trinité n'est pas *insignifiante,* qu'elle doit avoir un sens religieux, que trois *gardes-du-corps* comme vous sont un triple symbole de quelque chose. Quoi? je n'en sais rien ; et vous?

Ollivier, tu me dis que tu ne m'as pas demandé ta *liberté,* et en effet, il m'a fallu la prison pour me faire sentir que j'aurais été irréligieux moi-même si j'avais voulu toujours garder mon *autorité* sur des hommes qui peut-être sont destinés à ne relever directement que de la mère et non du père. Qu'en savez-vous? et qu'en sais-je? Rappelle-toi que la *forme* seule de la prophétie de d'Eichtal était fausse, je vous l'ai toujours dit; le sentiment qui l'a dictée était éminemment religieux et dans l'intérêt de votre moralité comme de la mienne.

Toi, Holstein, mon vieux, c'est à ton amitié régénérée, transformée, que j'en appelle, à toi à en trouver le signe; moi je l'ai déjà marqué de ma main ENVAHISSANTE et FORTE, j'ai *fixé* auprès de moi celui que j'aime et qui m'aime, je l'y ai *cloué* par toute mon affection, je l'ai *forcé* à vivre de ma vie, à me nourrir de la sienne; Dieu approuve-t-il? A toi à me le dire. Je l'ai bien *cru,* mais je n'en serai *certain* que lorsque ta propre *volonté* aura scellé de *ton nom* la chaîne de l'amitié nouvelle.

J'ai encore un avis à vous ouvrir; le premier qui viendra voir Michel le recevra de lui, je ne l'écris pas.

N'effacez pas le père, mes enfants, mais *songez à la mère!* témoignez-moi votre amour, non pour que *je* sois content, mais pour qu'elle le soit, dût-elle n'admirer et ne chérir en vous que votre *fidélité* pour celui qui l'appelle; c'est son suffrage de femme et non le mien que je vous engage à ambitionner, et ceci n'est encore qu'un conseil, et non une injonction, une prescription, un ordre.

P. E.

CIX^e LETTRE

A HOLSTEIN

30 décembre 1832.

Mon bon vieux, je suis bien fâché de vous avoir fait trop attendre une lettre de moi pour vous trois ; mais vraiment je ne sais comment cela s'est fait, car moi, de mon côté, j'*attendais*.

Je CROIS maintenant que vos grosses œuvres de Ménilmontant étant faites, vous feriez bien de venir un peu à Paris, non pour vous y *montrer,* mais pour y *voir,* car vous vous rendez votre tâche bien difficile, si vous attendez l'inspiration de vous seuls et non de moi tel que vous pouvez le sentir par les journaux, par les réunions d'hommes, par quelques individus plus spécialement capables d'aider l'inspiration que vous cherchez, par une soirée de musique, un spectacle, enfin par les points de contact électriques qui aident à concevoir.

Je vous le répète toujours, rien de tout cela

n'est un *ordre,* mais ta lettre, mon bon vieux, et celle de Duguet me montrent tant, sous deux rapports différents, combien vous souffrez, que je m'en voudrais de ne pas épuiser dans mon cœur et dans mon cerveau tous les moyens qui peuvent vous aider à sortir de cette situation douloureuse. Surtout pas d'impatience et par conséquent pas d'abattement qui en serait la suite; non-seulement l'éternité est à nous, mais aussi la prison n'est pas éternelle; et par-dessus tout enfin, n'allez pas vous imaginer que je puisse être mécontent et vous en vouloir de votre indécision. Oh! non, elle est douce à la face *égoïste* de mon amour pour vous, et l'amour n'est pas tout *dévouement*, vous le savez bien; elle m'est douce, puisqu'elle me témoigne combien ma vie est liée à la vôtre, combien vous tenez de moi et à moi; combien *vous m'*aimez; mais moi, qui vous aime pour *moi,* mais aussi pour *vous,* je ne serai content non de *vous* mais de *moi,* que lorsque j'aurai fait tout ce que je DOIS faire pour vous donner une vie qui soit *vôtre* tout en étant *mienne,* quand bien même votre destinée serait, comme je le crois, comme je l'aime, d'être PLUS *moi* que *vous.*

Adieu, mes enfants, du calme, 1833 n'est pas

si loin ni même si long. Je vous embrasse tous trois.

P. E.

CXᵉ LETTRE

A AGLAÉ SAINT-HILAIRE

31 décembre 1832.

J'ai lu la lettre d'Adèle, ma chère Aglaé, puisque vous me la fesiez passer malgré le renvoi de celle de Félicie, mais vraiment j'aurais aussi bien fait de ne pas la lire. Que puis-je vous dire? Vous connaissez assez de ma vie, de la sienne, de la vôtre, pour faire ce qui vous semblera *bon* sans que je m'en mêle. Songez donc que Dieu m'a mis en prison pour donner le temps à ceux qui m'aiment de manifester leur *propre* vie religieusement, autant qu'ils peuvent le faire *sans moi*, comme ils l'ont fait jusqu'ici *avec moi* et *par moi*.

Vous avez tort de vous inquiéter de mes indispositions, c'est toujours la même chose, mes nerfs de petite maîtresse; et comme ces jours-ci le temps varie très-rapidement, j'en suis fatigué.

Puisque vous ne vous rappelez pas la rude phrase, je n'ai pas besoin de vous la redire, autant la laisser au *passé*.

Vous me donnez une drôle de définition du *supérieur*, lorsque vous me dites : Si vous êtes mon supérieur vous devez avoir force suffisante pour entendre ou lire *tout ce qui me passe par la tête* ! ! Je vous assure qu'il n'y a pas de *supérieur* qui résisterait à des confidences faites dans cet esprit-là, car évidemment l'*inférieur* doit faire un CHOIX des choses qu'il croit *bonnes à dire* au supérieur ; or pour ce choix je crois qu'une bonne règle c'est de se mettre, pour un moment et par la pensée, autant qu'on le peut, *à la place du supérieur;* non-seulement si l'on ne fait pas ce choix on fait du mal, mais on se fait du mal, et vous le voyez, c'est ce qui vous est arrivé puisque ma réponse vous a fait souffrir.

Je crois que votre permisssion peut très-bien servir, si vous êtes personnellement désignée, parce que vous pourrez dire que vous apportez des nouvelles de mon père.

Le gérant du *Corsaire* est dans une maison de santé.

Nous avons en effet dîné une fois *en ville* dans la prison; c'est chez un de mes anciens camarades du lycée, fils de régicide (dont il faut épargner le nom à mon père). C'est un bon gros garçon qui avait été condamné à mort en juin. Le dîner était composé de six personnes, deux républicains, deux carlistes et nous deux Michel et moi.

Je ne puis rien vous dire encore de notre position avec les prisonniers; rien ne se dessine assez nettement; mais je crois bien que nous finirons par nous faire aimer de plusieurs.

J'ai bien envie de lire la *Salamandre*, pour y voir ce M. Fazzy qui ressemble à une *portion de moi-même.* Je la demanderai à Marie, ainsi que *le Rouge et le Noir*, car j'ai grand besoin et grande envie de lire des romans pendant au moins un mois, en les menant de front avec quelques *gros livres.* Je commence ce soir le roman de *Résignée.*

Vous me charmez le cœur en me parlant de confitures, pour Michel plus encore que pour moi, car je suis plus souvent au fromage de gruyère; mais pour deux raisons épargnez votre bourse:

la première c'est qu'il n'y a pas grand'chose dedans, la seconde c'est une bonne chose d'apprendre à *quêter* pour les prisonniers; nos dames, vous le savez, ont été jusqu'ici peu fortes à ce commerce.

Bonsoir, car je babille et j'ai à travailler. Je vous embrasse.

P. E.

CXIe LETTRE

A AGLAÉ SAINT-HILAIRE

2 janvier 1833.

Le Père a envie de me voir, mais il n'est pas tout à fait temps encore; qu'il patiente quelques jours encore, je l'en prie.

J'ai reçu une lettre de la pauvre Caroline, bien triste, embrassez-la pour moi; vous savez bien, vous, que j'ai toujours bien aimé, contre vents et marées, cette chère fille, vous pouvez donc le lui dire, cela lui fera du bien, et elle verra ainsi, je l'espère, l'avenir moins noir.

Vous tenez toujours à justifier vos prévisions par les *faits*, et vous avez bien raison, mais vous auriez tort de prendre tellement *à la lettre* mes reproches, que vous y vissiez une désapprobation *absolue* de la disposition que je trouve en vous, il est vrai, quelque peu exagérée, mais qui n'en a pas moins son importance très-religieuse, dans de certaines limites.

Ce que vous me dites sur le Saint-Jean me fait plaisir, parce que vous en tirez une conséquence très-juste que j'attendais à voir déduire par *les femmes*; aussi les hommes ne m'en avaient-ils pas parlé, un seul excepté, d'Eichthal, mais un an avant que j'aie pris ma formule Saint-Jean à la Cour d'assises. Cependant, à ce sujet, vous avez besoin de comprendre un peu mieux toutes les finesses du cœur *de l'homme*, car vous semblez me prêter une imprévoyance, et par conséquent une ignorance du cœur de *la femme*, un peu trop forte ; je m'explique.

Il y a un an, nous avions de grandes discussions avec d'Eichthal sur le sujet suivant. Il me disait : Devez-vous appeler la femme ? ne devez-vous pas plûtot appeler le couple? Vous voyez que la question était large et qu'elle dominait même la vôtre.

Il est inutile que je vous dise ici toutes les raisons que je donnai à d'Eichthal et qui l'ont convaincu de la légitimité de l'appel tel que je le faisais. Je ne vous cite ce fait, bien antérieur au Saint-Jean-Baptiste, que pour arriver à votre idée sur le choix que fera *librement* à son tour la femme quand elle s'en mêlera, car il est clair que si je DEVAIS AVOIR FOI qu'un *couple* dont je ne ferai pas partie, succédera à mon autorité apostolique, si j'y AVAIS FOI, dis-je, je devrais dès à présent l'exprimer. Mais voyez comme Dieu est sage, il ne m'a pas donné CETTE FOI ; d'où je conclus que c'est qu'il a cru bon, quand bien même les choses se passeraient ainsi, c'est-à-dire quand bien même le COUPLE NOUVEAU devrait saluer glorieusement l'heure de ma RETRAITE, il a cru bon, dis-je, il a voulu que j'appelasse *la femme*, comme un homme qui veut s'associer lui-même avec elle selon la loi définitive. Et maintenant je vous demande si en effet ce n'est pas là la forme la plus convenable pour affranchir la femme, pour exciter les travailleurs à cette œuvre sainte, pour faire surgir la femme nouvelle, *tant qu'on n'a pas un monde à lui offrir,* tant qu'on n'a pour ainsi dire que sa valeur *personnelle* pour DOT.

Vous voyez bien que l'idée que vous m'avez présentée, de même que celle de la misère que vous nous mettiez sous les yeux, se trouve encadrée comme événement possible du développement de ma vie; il y a plus, à ce titre, je crois que toute espèce de prophétie possible sur la vie d'un homme se trouvera à peu près réalisée par ma propre vie, par la raison que ma vie a été et sera excessivement multiple dans son unité. Ceci revient à dire que le rôle de la *prévoyance* qui vous est si cher, a besoin, pour être exercé, de la conscience de ce qu'il faut pour le *présent,* sans quoi la prévoyance trompe, en bien ou en mal, mais trompe toujours.

Je dis donc que pour le présent, si vous connaissez un peu le cœur de l'homme, et bien le cœur de la femme, vous concevrez que je ferais une véritable niaiserie, si, *en ce moment*, en prison, je faisais le modeste dans mes *prétentions*. Je sais bien que vous avez pu conclure de ce que Saint-Jean a appelé et annoncé Jésus et qu'il ne l'a pas *épousé,* que celui qui dit appeler la femme comme Saint-Jean appelait Jésus semble renoncer par là à l'union nouvelle; et c'est parce que cette traduction de ma pensée était possible pour *plusieurs* que Dieu sans doute me l'a inspirée, car ma parole doit donner satisfaction à plus d'un goût.

Maintenant si vous reconnaissez que je ferais une niaiserie de dire aujourd'hui : « Quand la femme viendra elle me mettra aux Tuileries ou aux Invalides selon son plaisir. » (remarquez bien que l'homme qui dirait cela serait déjà aux Invalides et que je ne suis qu'en prison, ce qui n'est pas la même chose); si vous reconnaissez que dans le cas même où je devrais un jour *abdiquer,* je ne le ferai et ne devrai religieusement le faire qu'en PRÉSENCE de mon sucesseur mâle *ou* femelle ou mâle *et* femelle, n'aurez-vous pas là un moyen tout particulier d'apprécier la valeur ACTUELLE de votre idée? Ce que je vous dis là est pour vous donner la *mesure* générale du don de prévoyance qui vous occupe tant. — Mais j'ajoute tout de suite, cependant, pour que vous ne pensiez pas que je ne sens pas toute la valeur providentielle de la manière (quelquefois exagérée je le répète) dont vous exercez cette prévoyance à mon égard, que je vous rends grâces mille et mille fois, mon amie, de ce que votre tendre sollicitude pour moi, place devant mes yeux quelquefois des tableaux tristes et douloureux, qui m'aident non-seulement à éviter des piéges *d'orgueil* ou d'excessive *confiance*, mais aussi à supporter des peines à l'avance signalées par vous, et combattues même par moi quand vous les avez prédites.

C'est encore ici le sujet de mes lettres précédentes, et je profité pour y revenir, de la formule de Saint-Jean-Baptiste, puisque le fait est bien de nature à faire sentir ce que je veux vous inculquer, savoir : la nécessité pour vous-même de dégager d'une prévision ce qu'il y a de bon et ce qu'il y a de mauvais en elle. Ainsi, par exemple, si vous me disiez : *Il est possible qu'un jour la femme appelée par vous, vous vénère comme initiateur, comme père, mais qu'elle en aime un autre comme époux;* non-seulement l'idée est bonne à avoir devant les yeux, mais même ce serait très-extraordinaire de penser qu'elle ne se serait jamais présentée ni même assez souvent *présentée aux miens;* et enfin, ce serait encore une bonne chose qu'une femme, une amie, me la rappelât, comme le jour des Cendres est une des plus belles choses du christianisme : *Souviens-toi, homme, que tu n'es que poussière et que tu retourneras en poussière.* Tout cela est bel et bon, vous dis-je, mais j'attends plus que cela de vous.

Je voudrais qu'en me signalant cette possibilité de l'avenir, votre finesse de tact de femme s'exerçât surtout à me dire le parti que vous croyez bon que je tire de cette prophétie.

Ainsi après m'avoir dit : *Il est possible que vous soyez mis en retraite*, vous ajoutiez : *Je crois donc que, pour faciliter le progrès de la foi, c'est-à-dire la venue de la femme, je crois qu'il est bon que vous, homme, vous appeliez celle qui vous donnera le digne repos du* VIEILLARD, *qui couronnera votre tête de la couronne* PATERNELLE *du* VÉTÉRAN *de l'affranchissement des prolétaires ; qui, pour la première fois, rendra hommage au* PASSÉ, *pour la première fois, puisque Saint-Simon est mort à peu près* SEUL ; *qui sanctifiera,* SEULE *et vierge, ou mariée avec un autre homme, tous vos travaux ; qui vous donnera la gloire que des voix d'hommes seulement vous ont décernée jusqu'ici; enfin qui vous bénira seulement comme* PRÉCURSEUR , *car vous avez* ASSEZ FAIT. Si vous me disiez tout cela, je pourrais sans doute contester, batailler, discuter, ne pas croire, mais au moins j'y verrais la bonne forme de la prévision.

Vous me direz peut-être que ceci est plus que vous ne voulez et ne pouvez faire, et que vous vous bornez à me dire ce que vous voyez comme possible dans l'*avenir,* sauf à moi, à en tirer ce que bon me semble pour le *présent ;* et moi je vous réponds que c'est pure modestie, et modestie fâcheuse, car vous pouvez et devez faire mieux que vous ne faites ; vous vous laissez abuser par l'opinion même que vous avez et que l'on a, en général, des femmes (imaginations, rêves, lubies), vous croyez qu'une *vraie* femme ne sera jamais qu'une diseuse de bonne aventure plus ou moins habile, une prophétesse, une sybille, qui ne voit *que* dans l'avenir ; et je vous dis encore que vous vous trompez pour vous-même, et que si, après avoir eu vos inspirations d'avenir, vous vouliez, par la pensée, vous mettre un moment à ma place et vous demander : *Que doit faire le Père en présence de cet avenir? que doit-il faire aujourd'hui même que je lui annonce cet avenir?* Certainement vous ne resteriez pas toujours muette devant cette question, mais même il vous arriverait de rectifier par là plusieurs de vos vues d'avenir, par l'impossibilité où vous seriez de comprendre à quoi elles peuvent être utiles à *présent;* vous les rejetteriez alors ou les garderiez dans le sac, jusqu'au jour où vous en sentiriez l'utilité *pratique*, à moins qu'elles ne vous parussent d'une importance telle et qu'elles ne se pressassent tellement de sortir de votre bouche, que vous n'y puissiez résister. Me les donnant alors, après avoir jeté votre langue aux chats, car vous voyez bien, par l'exemple même d'aujourd'hui, qu'elles servent à quelque chose, qu'elles alimentent solidement notre correspondance, qu'elles font remuer beaucoup d'idées, qu'elles sont pour vous et pour moi l'occasion de réflexions sur nous-mêmes et aussi sur la grande œuvre.

Je ne sais si je vous ai dit de demander à Petit de vous faire lire la lettre que J. Reynaud m'a écrite sur la convocation au père Lachaise et ma réponse. Je viens d'en recevoir une nouvelle de lui, toujours bien corsée, mais cependant bien meilleure pour moi. Dans celle-ci, c'est sur le dos de Michel qu'il fait presque tout tomber ; vous la lirez plus tard, je ne l'ai pas encore copiée.

J'espère que vous ne manquerez pas de dire à

Mme Cazaubon que je l'aime bien aussi, car la bonne fille le mérite autant par sa faiblesse chez elle que par l'affection qu'elle a pour nous. — Quant à Mlle Otto, la seule fois que je lui aie dit un mot, c'est à notre dernier jour de Menilmontant, et sa présence là, m'a fait grand plaisir, car elle a une bien bonne et douce figure.

Vous faites bien de songer à la quête, car notre argent file ; c'est le bois qui nous mine, parce que nous en donnons un peu aux malheureux compagnons ; ainsi que de la chandelle ; l'huile nous fait aussi un peu la guerre ; la nourriture est peu de chose.

Amitiés à Pauline. Que fait-elle ?

Il me tarde bien de voir quelque chose de net pour Ollivier et Holstein.

Adieu ; voici une bien longue épître ; je crois bien que je n'ai pas besoin de vous recommander aussi celles que je vous écris. Nous serons et on sera bien aise de savoir UN JOUR ce que nous nous disions au commencement de 1833.

A vous.

P. E.

CXII^E LETTRE

A AGLAÉ SAINT-HILAIRE

2 ou 3 janvier 1833.

Je vous avais bien dit, ma chère Aglaé, que je serais bientôt au bout de ma lecture des romans du jour ; la *Salamandre* m'a achevé et pourtant je n'ai pas achevé la Salamandre. Pouah! comme cela pue! Ouf! j'en ai encore mal au cœur, ... ! Ils ne m'y reprendront plus MM. B...., S.... et Cie; trois mois au moins de cirage de bottes à ces polissons-là! Il paraît que vous êtes encore plus à l'épreuve de la bombe que les casemates d'Anvers. Moi, je me suis rendu en mettant l'ennemi à la porte. Je ne suis pas étonné si vous rêvez toujours horrible et si vos prophéties sont souvent noires; bon Dieu, quelle compagnie inspiratrice, quel trépied pour la Sybille! heureusement, je ne sais comment cela se fait, j'ai dans mon poêle, en ce moment, un bois qui brûle et qui donne un parfum d'encens, cela fera du bien à ma chambre où ces livres puants sont encore.

J'ai parlé, dans mes *infâmes théories*, de *l'ennui* et du *dégoût,* mais pour Dieu, j'aimerais mieux enfiler des perles pendant vingt-quatre heures sans boire ni dormir, que de me soulever le cœur avec ces ordures. L'ennui, j'en ai déjà avalé de fortes doses, à Ménilmontant surtout et rue Monsigny et ici, mais j'en boirais encore deux bouteilles par jour sans me griser, tandis que je suis ivre-mort, soûl comme un porc sur un fumier. Les malheureux! Comme ils ont besoin qu'on les décrasse et qu'on les torche! passez-moi l'expression. Mais il n'y a pas d'enfant sale plus dégoûtant que ces polissons-là!

Bonsoir, dormez bien et pour cela défendez votre porte à cette vilaine troupe de. . . . . . je ne sais trouver un nom, ça n'en a pas.

P. E.

CXIII^E LETTRE

A HOLSTEIN

6 janvier 1833.

Mon pauvre vieux, oh ! je sais bien que le courage, la patience et le calme ne te manqueront pas ; nous sommes trop faits de la même pâte pour qu'il en soit autrement. Ce qui m'étonne, c'est qu'Ollivier ait pris un parti aussi capable de nous causer de l'inquiétude, à toi, à moi, à tous. Est-ce que cette détermination n'a pas été précédée de quelques conversations qui puissent te mettre sur la voie? A-t-il parlé de Menson, de sa mère, de Dugied? Paraissait-il d'ailleurs douloureusement préoccupé? Est-ce à la suite de quelque discussion? Enfin, donne-moi quelques détails, ne fût-ce que pour causer avec moi. La dernière lettre que je reçus de lui était si pleine du lien indissoluble qui existait entre son *habit* et *lui,* que je ne conçois pas cette prise d'habit bourgeois. Il parlait de ne le quitter qu'en se le laissant arracher par lambeaux. Au reste, j'ai confiance que cet isolement qu'il cherche ne sera pas long et lui sera utile, mais il me semble toujours, sans pouvoir le *juger* encore, qu'il nous donne de l'inquiétude en pure perte. Nous verrons.

Quant à toi, mon ami, je désire que tu m'écrives un peu plus souvent ce que tu fais. Vas-tu à Paris quelquefois ? Qui vois-tu ? L'amitié de Renart et de sa femme, de Stéphanie et d'Annette, de mon père et d'Aglaé, met-elle un peu de baume dans ton cœur si bon ?

Je suis bien aise que tu sois à Ménilmontant encore, car Bazin m'a écrit une longue lettre sur ses actes dans la journée du départ de Duguet, et ta lettre me fait faire de sérieuses réflexions. Je reviens presque à mon ancienne idée de laisser entièrement Ménilmontant aux femmes ; nous en trouverions certainement un assez grand nombre comme la mère et la femme de Desloges et la femme Lentz. J'en parlerai à Aglaé ; si tu la vois et que d'ailleurs la chose te paraisse préférable et bonne, causes-en avec elle. Dis-m'en aussi ton avis. Je sais bien que la même difficulté reste ; qui est-ce qui aura la direction et la *garde* spéciale de la maison ? Mais je ne crois pas cette difficulté insurmontable. Dis-moi encore ton avis ;

pour Dieu, ami, maintenant que tu es seul surtout, écris-moi, dis-moi tout ce qui te passe par la tête, ce à quoi tu songes, tu rêves, dis, dis, j'en ai besoin, tu sais bien tout ce qui nous lie, et que le même Dieu qui est en toi est bien en moi, et nous tient embrassés aussi fortement qu'hommes puissent l'être.

P. E.

CXIV[e] LETTRE

A AGLAÉ SAINT-HILAIRE

6 janvier au soir.

J'apprends par Holstein le départ d'Ollivier de Ménilmontant, en habit bourgeois et sans dire où il va. Cela m'inquiète et m'étonne, surtout depuis la dernière lettre qu'il m'a écrite, où il me disait que son habit ne faisait qu'un avec sa peau. Toutefois, j'espère, je serais même étonné que cela ne tournât pas bien pour lui et pour nous. — Ainsi Holstein reste seul, il est ferme ; mais je crains pour lui cette solitude, quoique Holstein soit un des plus solides hommes de devoir, et que je fusse certain, s'il avait mis dans sa tête que c'est lui qui doit rester à Ménilmontant, pendant tout mon emprisonnement, qu'il y tiendrait jusqu'au bout. Mais d'abord je ne suis pas sûr que cette idée soit la sienne ; ensuite fût-ce la sienne, serait-elle bonne? J'en doute. Je lui ai écrit aujourd'hui, et pour lui mettre autre chose sous les yeux, car je cherche autant que je le puis à lui ouvrir la voie où il devra entrer et que j'ignore comme lui ; je lui ai écrit et je lui parle de mon ancien projet de consacrer ce lieu aux femmes ; aucune, jusqu'ici, ne s'est trouvée en position ou en goût de prendre une pareille charge, et pourtant ce projet me tient toujours au cœur, non-seulement comme réalisation d'une solennelle promesse, mais parce que je vois par quelques exemples (la mère et la femme de Desloges, la femme de Lentz), que cet emploi pourrait être très-utile. Donnez-m'en votre avis. Cécile n'en a pas voulu; Caroline, Clorinde, Pauline, sont chacune de leur côté ; mais tout cela ce sont des bourgeoises qui, à la rigueur, ont toujours feu et lieu ; mais parmi ces pauvres femmes qui nous suivaient et pour qui il n'a jamais rien été fait, qui n'ont pas même pu avoir conscience de ce qu'elles faisaient pour nous, n'en est-il pas qui trouveraient gloire et utilité à garder et habiter la maison du Père? Il n'est pas jusqu'à cette association de jeunes filles, annoncée dans le journal des femmes et provoquée par la petite Vendel, qui ne me trotte par la tête. Songez, Aglaé, que la nuit qui a précédé mon départ pour la prison, je me suis trouvé, pour la première fois de ma vie, entouré de jeunes filles qui parlaient la langue de notre foi avec ardeur. J'avais là, à ma table, au déjeuner, quatre jeunes filles, quatre enfants, deux mamans; c'est la communion la plus extraordinaire que j'aie faite encore; Michel et Barrault étaient seuls à ma table; tous les autres déjeunaient après nous; et toute la nuit j'étais resté entouré de ces jeunes filles, de la femme de Bazin, de Mme Vincent la mère, qui nous aime bien, ainsi que sa fille; des petits enfants sur mes genoux dormant et se réveillant pour jouer, danser; et je n'oublie pas non plus Émilie d'Eymar qui n'a quitté qu'après notre départ. Tout cela, ce me semble, ne peut pas tomber dans l'eau. Causez-en avec Holstein.

Voici la liste des personnes qui ont veillé toute la nuit avec moi :

Théret.	Albert.	Froliger (Mme).
Bergier.	Saugey.	Vincent (Mme).
Thiéry.	Broet.	Bazin (Mme).
Desplanches.	Desessarts.	Deymar (Mme).
Mercier.	Carolus.	Vincent (Mlle).
Dedupart.	Louis.	C. Vindel (Mlle)
Vendel père.	Lambert.	Angélique (Mlle)
Vendel fils.	Ollivier.	Ad. Bazin (Mlle)
Bazin.	Alexis.	
Chabannier.	Tourneux.	

les petites Aspasie et Virginie Bazin et la petite Froliger.

Plusieurs de ces noms vous sont inconnus, mais Holstein les connaît. Je crois qu'il y a quelque chose à faire et qu'Holstein pourrait non le faire, mais le mettre en train; il lui suffirait, pour cela, d'en causer avec une de ces femmes, Mmes Bazin, Froliger, ou Bazin surtout, après en avoir parlé avec vous. Je ne vous donne au reste tout ceci que comme je donne toutes les idées sur ce qu'il y a à faire hors de ma prison, comme un rêve où il peut y avoir du bon. Chacun ses rêves, n'est-ce pas? Celui-ci n'est pas un cauchemar; par occasion même je vous remercie de m'avoir épargné votre dernier, car je commence à me remettre des dégoûtants romans, et n'y reviendrai qu'à mon corps défendant, de même que je ne suis malade que quand je ne peux pas faire autrement. Je fais autrement en ce moment, car je suis très-bien portant, grâce au froid sec que j'adore.

Bonsoir, dites au père qu'Émilie (ma vieille bonne) m'a apporté ses deux oranges du jour de l'an, ce qui m'a fait bien plaisir.

Je vous embrasse.

P. E.

CXV^e LETTRE

A AGLAÉ SAINT-HILAIRE

9 janvier 1833.

Je serais infiniment content que Mme Poncet, qui aimait tant notre *flibustier* Cayol, habitât

Ménilmontant. Sous tous les rapports, la place lui va, et si je n'avais pas cru que depuis le départ du grand *brigand* son habitation était inconnue, j'en aurais parlé à Holstein. — Pour bien comprendre ce que ces *dames* ou ces *jeunes filles* peuvent faire, je crois qu'il est bon que vous vous posiez souvent la question ainsi : *Que feront-elles si elles ne font pas cela?* parce qu'en se demandant, au contraire, *à quoi servira ce qu'elles veulent faire*, non-seulement on peut se tromper sur les résultats probables, mais on peut désirer même les résultats qu'*elles* sont incapables d'atteindre; et alors, de crainte qu'elles ne les atteignent pas, on dit *non,* tandis que si on avait dit *oui*, elles n'auraient sans doute pas accouché d'une montagne, mais au moins d'une souris, ce qui vaut mieux que *rien* et encore mieux que *mal.* Je sais bien qu'on pourrait dire : *il vaut mieux que Suzanne fasse des reprises qu'un journal,* quoique je ne le pense pas; mais ce qu'il y a de certain, c'est que si on attendait d'elle un journal qui fût un évangile, on ferait bien de lui conseiller de n'en pas faire. De même si Mlle Vendel ou autre allait à Ménilmontant et qu'on attendît d'elle une institution modèle d'apostolat féminin, on ferait peut-être bien d'être au moins dans le doute. Moi, je sais bien que je n'ai jamais regretté même la maison Popincourt, malgré tous ceux qui disaient : *elle ne tiendra pas*, et ceux qui ont dit : *elle est morte*, malgré Reynaud, Transon et Cie ; ces hommes-là ne savent pas ce que c'est que de faire *dans le temps*, ce qu'il faut *pour le temps*.

A propos de cela, un mot sur votre étonnement à tous quant à la médaille. D'abord si vous croyez tous que nous serons toujours pauvres, tant pis pour vous, parce que quand bien même notre pauvreté devrait cesser un peu plus tard que je ne l'espère, j'aime mieux croire qu'elle *cessera*, que d'avoir uniquement sous les yeux comme règle générale de conduite et de *prévision* surtout, la pauvreté. Je ne peux pas dire au reste que je *craigne* de voir Holstein, d'après ce sentiment, demander une place à Fleuri, parce que j'ignore ce qu'il *doit* faire, ou plutôt comment sa conduite sera jugée un jour par *les femmes;* mais quant à moi, *homme*, je sais bien que j'aimerais mieux le voir traîner une brouette que de faire le commis-voyageur d'assurances, en ajoutant, toutefois, qu'il est possible qu'on me fasse changer d'opinion *à poste-*

riori, c'est-à-dire par le résultat qu'Holstein aurait obtenu dans les diligences ou aux tables d'hôte.

Quant à Petit, comme il m'a dit une fois que si je l'avais prévenu de la vente des tableaux de mon frère, sa mère les aurait achetés pour lui et que la médaille que je voudrais voir porter au cou de tous nos travailleurs pacifiques et de nos missionnaires, à l'entrée de la campagne, vaut beaucoup plus même que le crayon à la mine de plomb d'Auguste, quoi que ce soit d'Auguste et de plus très-beau, Michel et moi avons pu penser que la simple réflexion que je vous fais là pourrait naître dans la tête de Petit ; et je n'assurerais pas, malgré son sourire, que nous nous soyons trompés.

Au reste, cela tient toujours à la même chose ; il y en a qui croient que l'année de prison est une éternité, et pourtant nous avons déjà presque parcouru la douzième partie de cette éternité. Que croient-ils ceux-là, que je ferai dans onze mois, si même la captivité dure autant ? Dussé-je aller pieds nus en décembre prochain, je serai pour tous le Père et non caissier de la caisse hypothécaire. Or, il serait curieux que dans un an le Père, en disant haut son NOM et le LIEU où il appelle ses enfants, ne les vît pas venir en assez grand nombre, pieds nus aussi, s'il le faut, et sur la glace, autour de LUI. C'est donc cette bonne arrivée de toutes les brebis au bercail et notre bercail, c'est la terre, qu'il faut préparer ; et chaque fois qu'on ne voit pas comment on *répondra* en décembre prochain (ou avant) à l'appel du Père, c'est qu'on songe à autre chose que ce qu'il faut songer.

Ce que je vous dis là, ma chère amie, je le dis aussi à propos des démarches que la bonne et gentille Mlle Ottoz fait en ce moment auprès de la police pour moi. Ces démarches sont bonnes pour les renseignements que j'y puise et y puiserai, et aussi pour que ces Messieurs de la police sachent comment nous sommes aimés ; mais quant à leur résultat désiré par la solliciteuse elle-même, non-seulement j'y crois peu, mais j'y tiens encore moins. Je serais même très-ennuyé en ce moment, d'avoir sur les autres prisonniers ce privilége (et voilà justement pourquoi elle ne l'obtiendra pas). Gisquet, d'ailleurs, a dit tout ce qu'il pouvait dire, quand il nous a offert, si nous le demandions, le transport dans une maison de santé. Mais ce n'est pas de cela qu'il s'agit, je n'ai pas été condamné à un an de prison avec des républicains et des légitimistes pour voir dans ma chambre mon père, mes amis, mes enfants. Tous ont autre chose à faire, et moi aussi.

Que ceci surtout n'empêche en rien les démarches ; c'est à *vous* que je parle. Je le répète, les démarches sont bonnes, pour qui les voit bien, et même pour qui les voit sous un jour qui n'est pas leur jour véritable.

Je reviens à la médaille. — Une tête plus apte au *culte* que celle de Petit aurait dit de suite à Michel : *Père, une médaille est chère, mais un petit médaillon comme ceux que portent les bonnes femmes à leur chapelet serait certainement bon marché; c'est tout ce qu'il faut pour les travailleurs, je vais m'en occuper*. Au contraire, Petit qui avait fait frapper dans le temps une médaille constitutionnelle de La Fayette, a répondu : *Père, un coin coûte 12 à 1,500 francs*. Il s'agit bien de coin ! Napoléon, dit-on, aimait les hommes qui faisaient tout ce qu'il voulait, quand bien même on lui aurait donné en cuivre ce qu'il demandait en diamant, parce qu'il savait bien s'il y avait des diamants à la disposition du faiseur. — Aidez donc, je vous prie, vous qui comprenez plus facilement à demi mot, aidez Petit à comprendre qu'il faut toujours avoir cette présence d'esprit dans une phase *d'action;* or, tout ce qui n'est pas en prison et qui porte notre nom est en action aujourd'hui. — Je crois qu'Holstein sentira que ce n'est pas si fou d'avoir un chapelet pour tous nos enfants. — Au reste, je crois que nous le ferons faire à Lyon.

Je connais ce M. Durand par sa correspondance, nous n'avons absolument rien à en faire ici; qu'il aille voir Barrault à Lyon, qui du reste n'en fera rien non plus.

J'ai reçu par Fournel la note de nos affaires, et je crois que décidément Holstein n'a pas à mettre le nez là-dedans. Nous nous en tirerons, j'espère, sans cela.

La santé est toujours bonne, quoique nous soyons assez peu contents du supplément de pitance que Petit et Rochette nous envoient de chez le traiteur. J'ai envie qu'ils aient une vieille cuisinière, cela serait sous tous les rapports plus convenable: on nous envoie des cochonneries qui font quelquefois mal au cœur, aujourd'hui, par exemple ; aussi ai-je hâte de me coucher ; il est d'ailleurs dix heures passées. Bonsoir.

P. E.

CXVI^e LETTRE

A HOLSTEIN

11 janvier 1833.

Je viens d'écrire à Ollivier, mon bon vieux, et je l'envoie à toi avec sa lettre, parce que je sens aussi le besoin de t'écrire ; il faut en finir de ces indécisions douloureuses qui nous font mal à tous et qui ont assez duré.

Pour cela, un mot de retour sur le passé. Tu sais que lorsque ma prison fut bien prévue et que la famille se dispersa, il était convenu entre nous que Ollivier et toi d'une part, Rochette et Petit de l'autre, viendriez habiter près de nous. Depuis lors, Petit et Rochette vinrent, les derniers soins de Ménilmontant vous retinrent, et dans votre solitude vos têtes travaillèrent ; on oublia complétement notre première conversation, on chercha, on chercha... Il en résulta une fugue d'Ollivier, et d'abord le départ de Duguet; je me réjouis des deux choses: pour Duguet, il est, je crois, dans la voie qui lui convient; pour Ollivier, c'est une école utile; quant à toi, tu as patienté, et je m'en réjouis encore.

D'un autre côté, *soit dit entre nous,* nous sommes ici comme de vrais bourgeois, sans l'ombre de CULTE; il n'y a personne à qui nous puissions nous en rapporter pour *recevoir* convenablement; certaines visites que nous voudrions faire faire ne se font pas, certaines correspondances même; personne ne peut se douter quand on nous apporte la *chair* et le *vin,* ou l'offrande des fidèles, que ce soit au Père, que tout cela soit destiné; les visites au greffe et au parloir n'ont pas cette face qui impose ou attire; enfin, si je suppose un instant ou une maladie qui me porte à une maison de santé, ou une visite au palais de justice pour notre nouveau procès relatif à Ménilmontant, ce qui est possible, et que je me figure marchant ou au lit, et vous deux aux grandes Indes, ce rêve n'a pas de sens pour moi.

Et tout cela d'où vient-il? C'est que vous ne vous êtes informés, ni Ollivier, ni toi, *de visu*, de l'état de nos relations avec le dehors, et cependant remarque bien que c'était là que s'étaient portées nos premières prévisions, très-sages et très-convenables.

Quand vous serez revenus de ce premier émoi, et je pense que cela est déjà bien avancé pour Ollivier après la lecture de ma lettre, pour toi d'après ce qui précède, je crois que vous verrez plus facilement la continuité de votre œuvre depuis l'époque qui a précédé le 15 décembre jusqu'à la fin de ma prison, quelle qu'en soit la durée, tandis que vous cherchiez à faire un saut brusque que personne n'a fait et ne doit faire dans la famille, pas même moi qui me suis certainement très-bien préparé à la prison par nos sept mois de Ménilmontant où tu ne comprenais pas toujours pourquoi je me calfeutrais si bien.

Je te le répète et je vous le dis à tous deux, nous sommes ici comme des bourgeois, et pourtant la manière dont on vient à nous du *dehors* doit être pour beaucoup, non-seulement pour notre influence au *dehors,* mais surtout pour notre influence au dedans. Chaque jour nous devons avoir, pour ainsi dire, une messe officiée par un de nos fils. Chaque dimanche, des femmes et des enfants doivent aider à cette sainte cérémonie, comme les enfants de chœur des cathédrales. Le greffe et le parloir doivent finir par recevoir de cette consécration sainte un caractère aussi solennel que celui dont la galerie de Ménilmontant est revêtue; songez donc, un jour les pèlerins viendront visiter ces lieux plus encore que la rue Monsigny et la salle Taitbout.

Tout ceci est la partie brillante, mais il y en a une qui ne vous est pas sautée aux yeux et que vous me laissez sur les bras très-joliment, si vous rêvez une œuvre en l'air, œuvre à laquelle vous avez tous les deux largement contribué, mais qui n'est pas finie. Vous avez encore quelques soirées à donner à la copie et mise en ordre des matériaux de notre histoire; tout ce qui n'a pas été fait par nous trois dans ce grand travail, est horriblement cochonné, et ce qui reste à faire le sera encore si Ollivier rêve ses mosquées et ses synagogues.

Ollivier a eu une surexcitation cérébrale. Qui sait ce que nous aurons à faire dans un an? Il faut être prêt à tout; quant à la surexcitation cérébrale, je l'engage à se permettre un seul instant, après t'avoir bien embrassé, et une seconde fois en mon nom, et une troisième fois au nom de la mère, de rire un peu avec toi de sa triste mésaventure, de rire même de ses larmes, parce qu'elles ont, comme toute chose d'homme, un côté risible, preuve que nous aurions l'équilibre, *progressif* bien entendu. Quand Ollivier, en regardant derrière lui ses trois rudes semaines, aura vu que ce qu'il prenait pour un monstre effrayant n'est que la pure et simple continuation de sa vie apostolique, mais que ce qui lui a fait mal, c'est que ses yeux se sont retournés et qu'il a vu le fantôme de son *vieil homme* en lui, il rira du *revenant* et sera guéri ; les revenants sont de tristes gens qu'il faut envoyer coucher, nous n'en avons que faire.

Tu sens bien que je ne te dis pas : arrivez vite, louez demain un appartement, montez le service, etc., etc. Ce n'est pas cela ; je vous dis : je suis ici comme un bourgeois, venez plutôt voir ; ensuite faites ce que vous jugerez convenable pour que tous nos enfants de Lyon et d'ailleurs, pour que toutes les races futures, pour que la mère ne disent pas un jour : il était là comme un bourgeois ! il faut qu'on puisse dire à jamais : le Père était en prison en 1833. Voyez plutôt ! Là passait Holstein portant le vin, Ollivier la chair, ici les enfants entraient derrière eux apportant des fleurs, des fruits ; là étaient les femmes avec confitures, oranges et conserves ; là Vinçard apportait ses chansons ; Bazin sa tasse dorée ; un autre du tabac, des cigares et des pipes ; celui-là achetait le bois et le sciait ; telle femme se chargeait solennellement du linge pour blanchir et raccommoder ; le dimanche, tel portait des nouvelles du Père et de Michel à l'assemblée de la famille ; enfin, tout ce qui peut passer par le cœur d'un homme religieux qui entend le culte et n'a pas la tête troublée.

Je compte donc que vous ferez le tour de la prison, que vous irez donner quelques bonnes poignées de main aux braves Alexis et Rochette, que vous causerez avec eux, vous informerez de tout, visiterez les alentours et causerez de tout cela avec Aglaé.

Bonsoir, mes enfants, je vous embrasse tous deux ensemble.

P. E.

CXVIIe LETTRE

A HOLSTEIN

13 janvier 1833.

Mon bon vieux, ta lettre me fait bien de la peine pour ce qu'elle me dit d'Ollivier, mais elle me cause une bien vive joie pour ce qu'elle me montre de toi. Oh ! oui, je leur ai bien dit souvent à tous : nous ne venons pas seulement pour apprendre de la *femme* comment l'*homme* et la *femme* doivent s'aimer, nous venons aussi apprendre à tous comment les hommes doivent s'aimer ; Dieu nous promet un *amour* nouveau ; par nous, ami, il enseigne l'*amitié* nouvelle.

Le refus d'Ollivier, aussi bien que ton éloignement de ma prison, me prouvent bien que notre résolution précédente, d'attendre une inspiration nette des circonstances extérieures, était la meilleure ; et la douloureuse situation d'Ollivier a pu seule me faire changer et me pousser à vous demander de faire une œuvre, tandis que l'œuvre doit sortir de vous. Laisse-moi dire aussi que mon amitié craignait pour toi-même, mais ta lettre a fait plus que de me rassurer ; l'HOMME est fait en toi, et l'ami veuf de son ami trouvera *son* œuvre.

L'argent de Granal va te mettre à même de solder toutes nos petites affaires de Ménilmontant, et c'est un grand mot que celui-ci, *solder*.

Adieu, mon vieux, MA main dans TA main.

P. E.

CXVIII^e LETTRE

A AGLAÉ SAINT-HILAIRE

13 janvier 1833, soir.

Voici une paire de chaussons pour modèle. — Holstein m'écrit sur Ollivier dont la situation m'afflige. Je ne sais ce qu'il va devenir et suis très-inquiet ; j'attends une lettre de vous où vous me direz l'impression qu'il vous a produite. La lettre d'Holstein est très-solide quant à lui, quoiqu'il ne sache pas ce qu'il va faire, après avoir soldé à Ménilmontant. Or l'argent est arrivé pour solder.

Est-ce que vous comptiez trouver une déclaration d'amour dans la lettre de Reynaud? Elle est meilleure que la première, d'abord parce que c'est une *réponse* à la mienne ; ensuite parce que, à défaut de colère contre moi, il la rejette toute sur Michel, ensuite parce qu'il dit qu'il fera ce que je lui demande, c'est de prononcer le nom de la femme et le mien. Le pauvre garçon souffre, au reste, m'a-t-on dit, d'une cruelle maladie bien *symbolique,* le *ver solitaire;* sera-ce une *femme* qui *écrasera la tête* de cet horrible *serpent?*

Le ton du journal de Fla.... est par trop ministériel, cela pourra donner lieu à quelques fausses interprétations; mais cela changera. Déjà cela a été signalé par un journal de province, et cela pourrait attirer quelques désagréments à Lyon de la part des républicains. Ceci pour vous, bien entendu, car je veux les laisser aller comme ils l'entendent.

Guéroult a fait un assez bel article dans le *Temps* sur *Valentine* de Mme Dudevant. Je n'ai pas de nouvelles de Lambert, comment va-t-il? —Parlez du compte de Chavanne à Holstein, pour savoir s'il peut le joindre à ceux de Ménilmontant, sinon Chavanne attendra.

Vous me cherchez une longue querelle sur ce que je ne reçois rien de l'inférieur ; or vous me reprochez, ce me semble, habituellement d'être un peu faible, c'est-à-dire de me laisser entraîner à faire la volonté des autres ; or les autres ont été jusqu'ici pour moi les inférieurs, je reçois donc beaucoup d'eux, et de plus je crois que je le reconnais, car j'ai toujours dit à qui appartenait chacune de nos grandes idées, chacun de nos grands actes ; si je n'avais pas toujours eu ce genre de justice, même des hommes comme Eugène et comme d'Eichtal seraient passés pour ainsi dire inaperçus ; on aurait très-facilement mis tout ce qu'ils ont fait de bon sur mon compte ; et je ne connais encore personne qui rende, même à Rodrigues et Bazard, la centième partie de l'hommage de reconnaissance que je leur ai toujours rendu, devant et derrière eux ; et enfin je ne crois pas qu'il y ait un seul de mes enfants qui suppose que, par exemple, je n'aie pas la ferme conviction de vous devoir beaucoup, à vous en particulier et à toutes les femmes qui m'ont approché, depuis Claire jusqu'à Marie Talon *très-inclusivement*. Ensuite, vous dire que j'apprécie très-bien comment *je reçois,* dans quel moment juste, dans quel lieu : non ; ce serait comme si je prétendais connaître le mystère de la génération ; l'important est que je ne vole d'*enfant* à personne ; c'est ce que j'ai toujours fait, du moins je le crois, à l'égard de Rodrigues, d'Eugène, de Bazard, de Margerin, de d'Eichtal, Michel, etc. etc. ; ils ont bien la gloire de leurs œuvres, quoiqu'on m'ait accusé d'être un accapareur. — Pour en finir au reste là-dessus, ma chère amie, figurez-vous donc bien une bonne fois que nos petites batailles sont providentielles, que nous sommes un briquet et une pierre, et non du beurre et des épinards ; si vous vous croyez briquet, et moi beurre ou épinards, cela ne fera pas feu ; si vous vous croyez beurre et moi briquet ou pierre, cela fera un légume plus mauvais que ceux de Gisquet. Tapez, frappez, refrappez et battez encore, le feu viendra toujours, car la pierre est bonne ; elle n'est pas encore usée ; mais c'est de la pierre, c'est dur, c'est rude, si elle était molle et sans résistance, autant vaudrait du beurre. Que si cette dure pierre est rude à la main, ne vous en étonnez pas ; et si, en ce moment encore, elle résiste, battez toujours, n'ayez pas peur de la blesser ;

félicitez-vous au contraire si c'est un bon roc, car vous aimez le feu, en hiver surtout. Je suis sûr que notre correspondance nous économisera à tous deux au moins une corde de bois. — J'ai envie de faire mettre cela aux annonces du *Constitutionnel* : CHAUFFAGE ÉCONOMIQUE. *Le père Enfantin si connu dans Paris sous tant de rapports,* etc. etc. Vous pouvez continuer l'annonce. — Adieu !

P. E.

CXIX^E LETTRE

A AGLAÉ SAINT-HILAIRE

14 janvier 1833.

Je suis ici en pays de connaissance, avec un membre assez important de la famille de cette gentille fille qui connaît quelqu'un à la police et qui voudrait que je visse mon père dans ma chambre. L'oncle de Mlle Ottoz est prisonnier ici pour les affaires de juin ; c'est un vieux troupier qui me paraît être un très-bon homme et qui pourtant vit en assez mauvaise intelligence avec son frère, à ce qu'il paraît. Je serais bien aise que ma présence ici fût une occasion de lien. Cet homme me rappelle la brouille de mon oncle Marcel et de mon père; je ne crois pas qu'il soit plus facile de rapprocher ces deux frères-ci qu'il ne le fut de rapprocher les deux frères Enfantin; mais dans ce cas les enfants ont quelque chose à faire, et je voudrais que la bonne demoiselle Ottoz me dût ce petit progrès. — Je vous livre la chose qui est délicate mais qui renferme une très-bonne œuvre, capable d'établir entre Mlle Ottoz et vous un lien de plus, ce dont je serais fort aise: vous arrangerez cela. Ce vieux soldat est un de ceux qui paraissent nous voir ici de meilleur œil, et c'est aussi un de ceux qui jusqu'ici me paraissent avoir le plus de rondeur et de franchise.

Je ne reçois aucune nouvelle de Thérèse, que devient-elle? — Rien de nouveau d'Ollivier; toujours même inquiétude pour moi. — Une lettre de Duguet qui ne m'apprend pas grand'chose, mais qui va toujours son train. — Une lettre de David assez insignifiante. — Voilà à peu près les nouvelles du jour. — Vous avez peut-être su qu'un article d'un journal rédigé à Sainte-Pélagie, qui a été répété par la *Gazette,* la *Quotidienne* et même la *Tribune,* où il était dit que les bonnets républicains s'inclinaient respectueusement devant moi quand je descendais, a mis la puce à l'oreille ombrageuse de deux ou trois jeunes républicains encroutés. Cette circonstance nous a servi pour établir une petite ligne de séparation en deux parts des républicains ici renfermés, les uns rouges comme des dindons en colère, et le reste (en très-grande majorité) très-bienveillants. Cela a même été assez bon pour remuer cette masse très-hétérogène d'hommes condamnés comme républicains, dont les trois quarts ne savent pas ce que c'est qu'une république. Il y a eu conciliabules, projets de lettres et journaux, assemblées sur assemblées pour cet article et il en est sorti du vent. Ainsi notre position se dessine un peu mieux chaque jour. — Je vous rappellerai que le tabac et l'eau-de-vie sont des arguments indispensables pour notre œuvre; employez-y une partie de vos quêtes. Je n'ai plus un seul de ces arguments dans mon sac, excepté du tabac à priser; celui-ci ne sera utile que lorsque nous en viendrons aux légitimistes; le républicain chique et fume, mais il prise peu; c'est aristocratique. Tous ces détails pour vous *très-seule* bien entendu, il serait trop facile de mal interpréter pareilles choses redites même par la bouche la plus sainte.

Nous nous sommes nourris ces jours-ci de l'envoi de Lebreton, ou plutôt d'une dame qu'il convertit comme vous voyez fructueusement. — Thérèse devrait nous envoyer cigares et eau-de-vie, ce serait fort bien à elle. — Bonsoir. — Demain le mois sera accompli.

P. E.

CXX[e] LETTRE

A AGLAE SAINT-HILAIRE

15 janvier 1833, soir.

Comme le directeur sera prévenu certainement par la police de la permission accordée à mon père et qu'il me l'annoncera, j'attendrai qu'il m'en parle, mais ne ferai rien pour cela. Je vous avoue même que j'ai peu de joies de pareilles *surprises* et que j'aimerais assez avoir toute la liberté que Louis-Philippe ne me prend pas, tandis que par le fait Mme Ottoz dispose de moi. Encore si le pauvre père n'en avait pas été prévenu, mais, d'après ce que vous me dites, me voici forcé de lui être désagréable si je ne lui écris pas de venir, et le fait est cependant qu'il m'est *désagréable* à moi d'user d'un privilége qui entraîne plus loin qu'on ne veut, non-seulement avec les personnes du dehors, mais avec celles du dedans, en ce moment surtout, où plusieurs condamnés politiques viennent d'être emmenés (ce matin) dans des prisons de travail où ils vont être détenus avec des voleurs, à l'instant où l'oncle de Mlle Ottoz va peut-être courir à pied sur les routes, les mains liées et gendarmes devant et derrière, et où des hommes mariés ne peuvent voir leurs femmes qu'au parloir, en présence de vingt ou trente personnes, je répugnerais à avoir la porte de ma chambre ouverte, même à mon père. Cette affaire s'est emmanchée contre mon gré et me gêne ; je suis peut-être le contraire de bien des gens, mais les faveurs que je n'ai pas demandées, tout en me rendant plus aimant pour ceux qui me les accordent, me laissent toujours comme un poids sur le cœur qui m'arrête et me glace. C'est peut-être beaucoup de personnalité, je le veux bien, car je n'ai jamais dit que je n'en avais pas, et beaucoup même, mais en ce moment je crois qu'on peut me la pardonner; personnalité et prison sont deux mots inséparables.

Quant à l'étonnement que Mlle Ottoz pourra éprouver de ne pas me voir profiter de la permission, j'en suis fâché, mais comme je suis étonné aussi qu'elle ne vous ait pas parlé de son oncle, cela pourra se compenser. La seule chose, je le répète, qui me tourmente, c'est le désappointement que pourra en ressentir ce pauvre père, grâce à l'avertissement très-charitable mais très-ennuyeux qui lui a été donné. Dites-lui combien cela me vexe, montrez-lui même cette lettre, si vous voulez, il comprendra, j'espère, très-bien, pourquoi je ne veux pas, même pour lui, commencer des exceptions qui me mèneraient très-loin. Si je ne vais pas au parloir, je crois ne pouvoir être désapprouvé par personne, et je le serais que je m'en tiendrais à ma manière de voir sur ce chapitre. Il en sera de même pour ma chambre, jusqu'à ce que Dieu m'inspire autrement; mais je ne crois pas que je me permette la moindre exception sous ce rapport, jusqu'à ce que, par mes efforts ou par ceux d'autres personnes, les hommes mariés qui sont ici aient obtenu la permission de voir leurs femmes dans leurs chambres, comme cela se faisait autrefois ; je suis bien aise que si l'on voit *ici* que je peux quelque chose *dehors*, on sente que j'emploie ce pouvoir pour les *autres* avant de m'en servir pour *moi*, qui d'ailleurs dois m'en passer autant que je puis. Ainsi lorsque je désire que l'on m'envoie ici quelque bonne chose de table, quelques douceurs aimables comme de la chique et de l'eau-de-vie, c'est parce que je sais que ceux qui me les envoient sentent très-bien qu'avec toutes ces choses je peux me faire aimer davantage de ceux qui m'entourent ; or de ce point de vue, pour en revenir à mon père, j'aimerais mieux recevoir la visite de ses cheveux blancs au milieu de tous les prisonniers, au parloir, où ils verraient mon affection pour lui dépouillée de tout privilége, que dans ma chambre, lorsque ces malheureux, je le répète encore, enlèvent à la dérobée sous vingt regards un baiser à leurs femmes !

Aglaé, ce qui m'a fait ce que je suis, c'est que j'ai toujours senti le milieu qui m'entourait comme faisant vraiment partie de moi ; je ne dis pas que j'aie senti toutes les individualités, mais le *résumé* de toutes ces vies me montait toujours à l'âme ; ce fut là ma règle *religieuse* de conduite, mon inspiration ; peut-être me suis-je fait ainsi absorber quelquefois par ce qui m'entourait le plus immédiatement, c'est possible et je prends cela pour mon vice, pour la cause de tout ce que je peux faire de mal, mais je suis ainsi fait, et, tant que Dieu ne m'aura mis en présence que d'un *petit nombre* et non *d'un peuple,* je lui rendrai grâce de me laisser ce vice.

Ce que vous me dites de Cécile dans sa précédente lettre et de son désappointement de ne pas me voir me confirme dans ce que je vous écris sur mon père. Rappelez-vous bien que hors vous et Holstein qui êtes vraiment le lien de ma vie nouvelle et de ma vie ancienne, je ne conçois en ce moment pour ainsi dire aucune relation extérieure, si ce n'est peut-être avec de vieux camarades comme Drut à qui j'ai écrit, ou bien pour et à propos de dissidents comme Reynaud, c'est-à-dire d'hommes qui m'ont appelé père et qui me renient, mais que toute relation avec quelqu'un qui croit à notre œuvre ou qui y est étranger par ses propres sympathies, me paraît vide de sens et toute dépourvue de symbole. — Adieu, ma chère amie.

P. E.

CXXI[e] LETTRE

A AGLAÉ SAINT-HILAIRE

16 janvier 1833.

Je crois vraiment que vous avez arrêté avec moi une petite tactique d'amitié qui du reste est fort bonne, ma chère Aglaé, et que vous vous êtes dit : *Pour que le père supporte mieux sa prison, il faut que je me montre à ses yeux bien faible ; alors les efforts qu'il fera pour me relever lui feront du bien à lui-même, il sentira moins son propre ennui quand il s'occupera de chasser les miens.* La recette est bonne et je vous en rends grâce, vous m'envoyez votre petite tisane tous les jours à peu près et j'ai remarqué qu'en effet lorsque je ne la recevais pas j'étais un peu bête toute la journée.

Je suis assez content que Flac... dont le nom est trop connu comme saint-simonien, quitte ce journal juste-milieu le *Constitutionnel* ; cela convient mieux à Lem. Quant à Charles, peut-être son ennui le conduira-t-il à la place qu'il assigne à Holstein ; je ne comprends rien à ce qu'il écrit. Je vois bien qu'il veut se faire bien venir de ceux dont il parle ; mais quand on a ce sentiment-là on ne fait pas de *feuilletons*. Je vous autorise très-largement à lui faire ce compliment de ma part ; au reste, Charles ne m'inquiète pas, il y a de la vie en lui ; il saura bien finir par faire son trou quelque part, ou au moins percera-t-il à peu près partout. — Je voudrais bien savoir ce que sont mes enfants qui ne sont plus saint-simoniens ; s'ils veulent dire par là qu'ils attendent un autre nom, de la femme et du peuple, c'est bien ; mais s'ils se disent Enfantiniens, c'est qu'ils n'ont pas l'oreille très-musicale, car ce nom ne vaut pas mieux harmoniquement que saint-simonien, à moins que les femmes en le prononçant ne lui donnent une autre accentuation.

Thérèse m'écrit une bonne petite lettre d'amitié, mais elle ne me parle ni d'Arthur ni d'Adèle. Sur ce sujet, c'est très-bien à vous de ne pas enchaîner l'avenir.

Dieu dit sa volonté *successivement*, et surtout pour tout ce qui regarde spécialement les femmes je suis d'une ignorance crasse ; j'attends ; elles ont tant de bonnes et nouvelles choses à nous apprendre, elles connaissent d'ailleurs si bien le cœur de l'homme (je parle de l'homme ancien) qu'elles aideront puissamment l'homme nouveau à faire ce qu'il DOIT faire pour convertir les hommes *anciens* et même les femmes *anciennes*. Or certainement Dieu me fera faire ce qui sera le plus capable de CONVERTIR hommes et femmes, c'est-à-dire l'acte qui comprendra en lui le résumé de la MORALITÉ *nouvelle* des rapports de l'homme et de la femme. Quel sera cet acte? Je l'ignore, mais certainement il sera progressif pour tous, il sera de telle nature, qu'en le racontant à un Français, à un Turc, à un Chinois, à un sauvage, on les convertira, comme on convertit au christianisme par la croix de Jésus.

Dans tout cela ce qui me paraît drôle c'est le mot d'*épouser*. De la part de Thérèse, c'est tout simple, mais vous, qu'entendez-vous par ce mot *épouser?* Quant à moi, je n'en sais rien, car j'ignore encore ce que sera le *mariage*. Demandez à Fourier par exemple ce qu'il entendrait s'il disait : *Le père Enfantin épousera A*..... Demandez-le à Mahmoud le sultan, ou à Méhémet-Ali le pacha, ou au pape : vous aurez partout des réponses différentes ; et à moi, si vous me demandiez ce que cela veut dire, je resterais bouche close ; j'attends. — A vous qui êtes femme et à toutes les femmes de donner leur avis sur pareil sujet ; vous savez bien qu'aujourd'hui la voix des femmes est la voix de Dieu, puisque l'homme a parlé et se tait et que Dieu ne se tait jamais ; ce que je dis là de Dieu n'est pas un compliment que j'adresse aux femmes, qui parlent, dit-on, beaucoup, c'est la vérité ; Dieu ne cesse pas de parler, son verbe est éternel et certainement en ce moment il est incarné dans les femmes, quand bien même elles parleraient tout bas.

Je suis bien aise que d'Eichtal ait complétement rompu sa correspondance ; il va flairer le monde, et au moins il n'aura pas toujours un parfum de nous-mêmes autour de lui, à travers lequel rien de neuf ne pouvait passer. Si Charles en faisait autant, il ferait bien, je crois, ne fût-ce que pour laisser le repos à mon père.

A propos de ce pauvre père, vous ne me dites rien de l'affaire de Mlle Ottoz; comment le père a-t-il pris mon refus? — Dites-lui, car cela est de nature à lui faire plaisir, que nous avons eu ce matin pendant notre déjeuner la visite de M. Sosthènes de Larochefoucauld, prisonnier depuis aujourd'hui et pour trois mois dans notre prison; c'est au reste une visite de grand seigneur sans gêne, se faisant aimable comme les gens de cour se font aimables, c'est-à-dire au moins qui a du savoir-vivre, ce qui manque universellement aux républicains, sauf le vieux Lafayette, qui du reste m'a fait faire ses compliments par Petit dernièrement, je ne sais trop pourquoi, car il doit se rappeler à peine m'avoir vu chez lui. Nous aurons l'occasion de revoir le vicomte, ne fût-ce que pour lui rendre sa visite. Je ne serais pas même surpris de trouver quelque chose de très-providentiel dans ce rapprochement. Il aura connu Auguste au moins pour ses ouvrages; nous parlerons un peu art et beaucoup duchesse de Berry.

Je n'ai rien d'Holstein et d'Ollivier; j'ai écrit à Caroline pour qu'elle se charge de moraliser

Duguet, car le pauvre garçon souffre beaucoup et je ne lui peux rien.

Bonjour, — à vous.

P. E.

CXXII[E] LETTRE

A HOLSTEIN

19 janvier 1833.

Tu as mis le doigt dessus, mon vieux, et je t'en remercie. Oui, c'est à toi à porter à Lyon et à remettre de TA main le *souvenir* que MA main veut donner à mes enfants, et pour cela je te prie d'arranger toi-même les modifications à introduire au modèle que je t'ai envoyé, pour rendre l'exécution prompte et très-peu coûteuse. Si cela coûte 5 francs, c'est trop cher encore ; ainsi modifie la nature des métaux, si cela rend trop cher, et conserve seulement la forme. Je crois qu'avec du laiton comme les chaînes de lustre, ce serait très-bon marché, car ces chaînes, nous a-t-on dit, ne coûtent pas huit sols le pied en fabrique. Ce que je te recommande surtout, c'est la promptitude. J'aurais voulu l'avoir à Lyon pour l'anniversaire de ma naissance, 8 février ; si nous ne pouvons pas, nous nous arrangerons pour reporter cela à l'entrée en campagne des travailleurs de Lyon, probablement fin mars.

Je t'envoie une bien triste lettre d'Ollivier, à laquelle je ne réponds rien. Ce pauvre garçon est dans une bien douloureuse situation, mais je ne sais quelle parole de moi pourrait le relever. Il me place dans une position où déjà beaucoup de mes enfants, parmi ceux que j'ai le plus aimés, m'ont mis, et qui est cruelle, l'impuissance de relever celui qui tombe. Chaque fois que pareille circonstance s'est présentée, j'ai toujours reculé devant une forme de l'autorité, qui pourtant est éternelle, mais que Dieu ne veut sans doute pas que j'emploie, puisqu'il ne m'a pas donné pour la compléter la forme *femme* près de moi : je veux parler de la sévérité, de la dureté, qui pourtant est aussi un moyen d'éducation. J'ai pu être dur avec Bazard, avec Rodrigues même, et encore avec Reynaud lorsque celui-ci brisa publiquement les vitres de notre foi, mais je ne l'ai été ni avec Transon et Jules, ni avec Charton, ni même avec Carnot, Dugied, Leroux, ni avec Cazeaux; je ne saurais l'être avec Ollivier ; et pourtant, je le répète, la dureté est à jamais une des faces de l'autorité. A tout autre que lui, j'aurais tout bonnement écrit : que je ne suis pas en ce moment garde-malade, sœur du Pot, et qu'à force d'avoir été renié par beaucoup d'enfants, il est bien temps que je me permette de dire à l'un d'eux de se tirer d'affaire comme il le pourra, et de me laisser tranquille. Peut-être cette boutade serait-elle le meilleur remède à faire prendre à Ollivier, et pourtant je ne peux me décider à le donner, quoique d'un autre côté je craigne de lui faire mal par mon silence. Ce pauvre malheureux a eu la terrible manie de croire à la papauté pour lui, il a été écrasé comme Jules et Dugied, mais vraiment d'une façon puérile, car son rêve de Saint-Pierre est effrayant d'éblouissement du *moi*.

Tout ce que tu me dis de Ménilmontant me va on ne peut mieux : arrange cela comme tu me le dis avec Bazin, Adèle et la mère Poncet ; j'en serai très-heureux. J'espère comme toi que la leçon pour Bazin aura été bonne.

Oui, sans hésitation, il est clair que tu dois donner une poignée de main pour moi à Arlès ; tu n'as pas été l'aimant par lequel il s'est collé à nous, pour rien ; il faut que tu fasses la *chaîne* de Paris à Lyon, et tu porteras pour cela notre chaîne symbolique.

Adieu, vieux.

P. E.

CXXIIIe LETTRE

A AGLAÉ SAINT-HILAIRE

21 janvier 1833.

J'ai reçu un petit camouflet nerveux qui m'a rappelé 1827, mais cela ne durera pas ; le coffre est bien solide, malgré tous les clous qui y ont été *enfoncés* ET *arrachés ;* je commence pourtant à être un peu las d'être le *marteau* ET *la tenaille ;* c'est trop de deux métiers.

Vous avez raison de dire que je ne comprendrai pas grand'chose à votre lettre ; je n'y entends pas grand'chose en effet, et serais pourtant bien aise, entre nous, que nous pussions nous comprendre. Il en est temps à peu près, comme il est temps que je ne sois plus *marteau* et *tenaille*, car c'est quand on fait deux métiers qu'il est plus difficile de comprendre et de se faire comprendre. Je suis encore assez bête aujourd'hui, mais demain je crois être assez bien. — Bonjour.

Le marquis Saint-Simon est venu nous voir, et a causé avec *Michel*. Ceci est encore pour le père.

P. E.

CXXIV° LETTRE

A AGLAÉ SAINT-HILAIRE

24 janvier 1833.

Je vous renvoie la lettre du sous-préfet. — J'explique un peu au père comment notre position avec les républicains a changé ici; elle devenait fatigante, mais j'ai voulu la pousser jusqu'au bout, et boire en présence des bons le calice des *mauvais* jusqu'à la lie. Je leur ai laissé faire contre nous toutes leurs petites conspirations pour nous empêcher d'agir sur leurs compagnons de détresse ; maintenant ceux qui nous aiment sont assez attachés à nous pour que nous nous en reposions sur eux de ce qu'il y a à faire sur les autres pendant quelque temps ; nous avons agi le premier mois par la *présence*, le deuxième sera donné à la forme inverse. Nous recevons chez moi ceux que nous voulons, et laissons les *grands citoyens* faire leur propagande à la manière cannibale, chantant le sang et la guillotine. Dans peu de jours ils en verront les résultats. Déjà le directeur, mécontent de leurs chants, de leurs cris, a menacé de faire quelques transfèrements dans des prisons de correction, ce qui n'arrangerait pas les cœurs pacifiques. Je n'ai pas le temps de vous en dire davantage aujourd'hui ·/.

P. E.

CXXVe LETTRE

A CÉCILE FOURNEL

Sainte-Pélagie, 25 janvier 1833.

Ma chère fille, pourquoi donc à toutes vos douleurs ajouter encore celles de croire que vous manquez à un *devoir* envers moi ? Non, je n'ai pas cru, je n'ai pas dit que vous DUSSIEZ *écrire,* que vous DUSSIEZ *décrire, peindre* une vie qui peut être de celles qui ne se décrivent pas et pourtant qui se sentent profondément, bien vivement aussi ; une de ces vies qui s'aspirent à travers le voile et qui pour les cœurs qui ont l'ouïe fine, s'entendent sans bruit et presque sans verbe. Cécile, songez donc que Henri a eu presque raison quand il m'a dit un jour que je ne savais pas aimer, car, si je vous avais connue alors comme aujourd'hui, croyez-vous que vous auriez eu à dévorer cette cruelle séparation qui vous a tant fait souffrir ? Songez que ma parole a dû tomber à faux sur vous, pauvre femme, parce que je voulais *autrefois*

LIRE partout; mais, grâce à Dieu, et à vous aussi, chère fille, grâce à tous ces enfants qui m'ont *entouré de musique*, grâce à ce petit David que j'aime pour cela, et à ce bon Rogé qui m'a montré un cœur plein d'amour tendre et dévoué, mon oreille est devenue plus délicate; *j'entends* là où je ne *lis* pas. L'humanité n'a pas toujours les *yeux* ouverts, elle croit aux choses invisibles comme aux choses visibles, car, en sortant de mon tombeau, je n'aurai pas, comme *Jésus*, à montrer mes pieds, mes mains et mon cœur à *tous*, pour que tous croient, pour que tous m'aiment. Je ne sais, mais il me semble même que j'aurais plus de joie, *aujourd'hui*, à apprendre que celle à qui *Dieu* dira de m'aimer, m'aura déjà aimé avant de me *voir*, avant d'avoir pour ainsi dire soulevé, comme je le faisais *autrefois*, tous ces plis que l'immense artiste, que *Dieu* a jetés sur la statue humaine.

Dieu a voulu que l'homme et la femme apprissent de moi jusqu'où l'*œil* de l'homme peut plonger; mais j'ai la divine prétention de croire que l'initiation qu'il m'a donnée par mon pauvre frère ne sera pas à moitié perdue, et que si Auguste m'a nourri de *lumières*, de *formes* et de *couleurs*, il n'a pas semé en terre stérile les *sons*, le *chant* et l'*harmonie*. Je le crois, Cécile, et *Dieu* m'en donne une douce confirmation dans l'amour dévoué qui m'est apporté par celle de mes filles que mon ancienne vie a fait le plus souffrir.

Vous vous trompez encore, ma bonne fille, si vous pensez qu'il ne faut à votre *Père* que des paroles de santé, de force, de vie active, puissante. Puisque je vous ai déjà nommé David, sachez que je n'ai écrit à Lyon qu'à cet enfant, et aussi à Drut, mon ancien ami d'enfance, qui, tout en m'aimant beaucoup, n'a jamais eu la force de marcher où mon amitié l'appelait, mais qui, de loin et en silence, m'a toujours salué d'un regard d'affection bien tendre. Oui, c'est à David que j'ai écrit, à David qui me faisait pleurer Talabot en modulant son air des montagnes, au moment même où sa rêveuse harmonie frappait Humann ; à David soupirant l'attente du *Père,* comme un enfant qui attend plus qu'une mère ; à David qui n'a pas pu faire un chant de travail, une marche fière et vigoureuse, mais qui ramenait vers leurs lits solitaires mes fils fatigués, et terminait leur prière du soir par : *La Femme sauve le monde !*

Cécile, ma première vie est assez dominante pour que je puisse la pétrir d'un peu de douce mélancolie. J'entends du fond de ma prison l'Orient qui s'éveille et qui ne chante point encore, et qui crie : Je vois l'étendard du prophète souillé, brisé, le vin coulant avec le sang engourdi d'opium dans les ruisseaux de Stamboul. Le Nil a rompu les digues et se répand plus loin qu'il n'a jamais marché, portant les germes que la main de Napoléon a secoués sur ses bords et que Mehemet a fécondés ; le voile de l'odalisque est tombé devant Mahmoud ; le Verbe a pris la forme *multiple,* et par la presse il ronge le livre *un,* le Coran ; la grande communion se prépare, la Méditerranée sera belle cette année. Depuis Gibraltar jusqu'à Scutari, cette côte brûlante se soulève et appelle l'Occident endormi sous la parole de ses phraseurs de tribune. Italie ! Italie ! Tu auras quelques grands jours encore; tu es étendue sur cette grande couche nuptiale ; ton ciel, dôme de Saint-Pierre, couvrira de sa riche parure la joie des fiancés : tu n'es pas l'avenir, mais tu es le grand héritage du passé, la dot du *Père* au *Fils* et à la *Fille.*

Oh oui ! tout ce grand spectacle m'entoure ; il est en moi, il suffit largement à ma vie de lumières, d'éclat et de puissance; mais j'ai une autre vie que ces murs et ces verrous me rappellent, et que pourtant ils ne remplissent pas; car je ne veux point que ma vie de retraite et de silence soit une vie de prison; j'y veux de douces paroles d'affection, rêveuses, mélancoliques, tristes même, mais d'une tristesse baignée d'espoir; j'y veux une main amie qui touche mystérieusement les cordes de mon cœur qui ont jusqu'ici résonné seules, pour *moi,* que personne n'a entendues encore, personne! que personne peut-être n'entendra jamais, pas même *Elle. Dieu* seul, *Dieu* seul, entendez-vous, ma fille!....... *Dieu* seul! car il est des cordes à l'âme que l'oreille ne peut entendre, et qui pourtant ne sont pas muettes, qui sont là, que l'on sent, et auxquelles *Dieu* promet une vie à venir, mais ne donne pas une vie présente, que l'on n'entend même pas soi-même, mais qui vivent pourtant, on en est *sûr.*

Adieu, ma fille; je n'écris pas encore à Fournel; mais vous écrire, n'est-ce pas lui dire aussi combien je l'aime? Tenez-moi au courant de ses affaires. Je vous embrasse tous les deux.

P. E.

CXXVI^e LETTRE

A AGLAÉ SAINT-HILAIRE

14 février 1833.

Ne soyez pas inquiète de ma santé, je suis bien ; mais je cherche à opérer une modification physique en moi, en même temps que la modification morale et intellectuelle, et j'en souffre quelquefois, sans qu'il y ait en rien *maladie*. Depuis un an je n'ai mangé que viandes et choses épicées ; depuis deux ans je ne bois pas d'eau ; depuis six mois j'ai beaucoup prisé et fumé ; de même, depuis deux ans, les contractions nerveuses qu'il m'a fallu supporter, soit dans mes terribles combats avec Bazard, soit dans mes douloureuses luttes avec Rodrigues, soit enfin dans cette sage ménagerie de Ménilmontant où les badauds venaient voir l'ours blanc, et où la vie de mes enfants m'a été plus que jamais rude à maintenir harmonique et religieuse : tout cela a fait de mon cœur, de ma tête et de mon corps un être que mon Dieu m'a donné le désir et la force de *renouveler*, puisqu'il m'a donné un an d'isolement de mon ancien *non moi*, et qu'il m'a mis au régime du pauvre, à l'eau, au *négligé*. Ce travail d'hygiène n'est pas chose facile ; Médée fit, dit-on, bouillir son vieux père Eson pour le rajeunir ; puisque personne ne me fit bouillir, moi je me rafraîchis ; peut-être cela produira-t-il le même résultat. — Quant aux contrariétés, je ne fais pas plus le vigoureux que je ne suis, et j'avoue qu'elles ont assez de prise sur moi ; mais vraiment elles sont assez rares, du moins les contrariétés positives ; je veux dire que c'est plutôt l'*absence* de choses bonnes, tendres, fraîches, riantes, nouvelles, que le *contact* de choses pénibles, désagréables, ennuyeuses, qui peut me fatiguer quelquefois ; et toutefois je vous assure que je m'habitue assez bien à cette privation de toute chose *nouvelle*, parce que j'en sens la grande utilité, l'indispensable nécessité même, pour me faciliter le dépouillement complet de ma vie *ancienne* ; c'est presque un avant-goût de la *vieillesse* et de la *mort*. Depuis une année, Dieu m'a prodigué les enseignements directs et indirects qui se rattachent à ces deux phases de la vie humaine, car je n'en connaissais encore pratiquement que les joies. Mon ciel avait eu peu de nuages, belles étoiles y brillaient, et pourtant l'*homme* doit connaître le palais d'Apollon et les forges de Vulcain. Je rends donc grâce à Dieu, du plus profond de mon cœur, pour cette initiation qu'il me donne, et qui est un acheminement vers ma vie à venir, dans laquelle, pour le rôle que je pressens devoir y jouer, j'aurais été embarrassé si je n'avais pas eu cette purification mâle de la prison.

Je ne vous demanderai encore rien, ma chère amie, pour me délivrer de ce qui *me pèse trop,* comme vous dites ; rien ne me pèse trop, ou plutôt je dirai que ce qui me pèse ne me pèse pas encore assez, car ce qui me pèse c'est ce qui pèse sur la classe la plus nombreuse et la pauvre, c'est l'*isolement* dans le *monde,* et je veux voir combien cela pèse, moi qui ai tant besoin de *communier* avec le monde, moi qui ai jusqu'ici, trop facilement peut-être, communié avec lui, moi qui veux savoir ce que mes épaules portent de solitude, pour savoir ce que JE vaux et non pas toujours combien NOUS valons. — Adieu, je vous embrasse; donnez-moi des nouvelles de Cécile. — Le dernier tabac que vous m'avez envoyé est trop bon et trop cher pour nos prolétaires ; faites-m'en envoyer une livre d'ordinaire, je les mêlerai, ce sera délicieux.

P. E.

CXXVII[e] LETTRE

A CÉCILE FOURNEL

21 février 1833.

Il y a trois jours déjà, ma chère fille, que j'ai commencé une longue, longue *causerie* avec vous ; mais ma lettre s'allonge toujours et devient une œuvre. Je ne veux pas attendre qu'elle soit achevée pour vous dire un petit bonjour et vous embrasser. Je suis déjà à la neuvième page bien serrée, et je crois n'être qu'au commencement, car j'avais pris la plume sans savoir ce que j'allais vous dire, et de ligne en ligne j'en suis venu là. Cependant je ne veux pas non plus vous mettre martel en tête, et vous faire rêver à ce que je peux vous écrire si longuement ; mais c'est pourtant si vague que je ne pourrais peut-être pas même vous en donner ici une idée. Tout ce que je sais, c'est que j'ai tant parlé de l'union des sexes comme AMOUR, que j'ai un très-vif besoin de me reposer de mon bavardage théorique dans l'AMITIÉ ; c'est donc ce mot-là que vous verrez probablement le plus en saillie dans ce que je vous écris, et pourtant je ne me permets de parler que de L'AMITIÉ de *l'homme* pour *l'homme*. Au reste, je n'ai que le temps de vous embrasser ce soir.

P. E.

CXXVIII[e] LETTRE

A CÉCILE FOURNEL

22 à fin février 1833.

J'ai eu grand tort, ma chère Cécile, de vous dire que j'avais commencé une longue lettre, car depuis lors mon commencement en est resté là ; je n'ai pas pu m'y remettre : une foule d'autres pensées me sont venues à la traverse ; puis j'étais inquiet de ne recevoir aucune nouvelle d'Holstein ; enfin il y avait je ne sais quoi dans l'air qui m'empêchait de continuer.

Possible que ce *je ne sais quoi* soit la nouvelle de Blaye et ce qui s'en suivra ; dans tous les cas, cette pauvre malheureuse obligée d'afficher sa honte à la face du monde me fait peine, et me rappelle *celles* que j'ai forcées à confesser la leur. Voici l'occasion de donner de bonnes leçons de morale aux *hommes* qui vont se permettre de juger une seconde Marie-Louise (toutes deux se nomment Marie), car Dieu sait combien de quolibets d'*hommes* vont pleuvoir sur elle.

Je ne vous enverrai donc pas encore ma grande lettre. Si je peux la finir, je vous ferai passer ce que j'ai jeté dans un désordre parfait sur le papier ; ça n'a ni commencement ni fin, mais vous y trouverez quelque chose, ne fût-ce que le vague dans lequel je me plonge quelquefois. Bien entendu que pour une pareille confidence en négligé, je vous demanderai le silence du tête-à-tête, car je suis coquet et prudent, je n'aime pas à donner en spectacle mes imperfections, ni surtout à faire naître de mauvaises pensées, pour une parole vague qui serait mal interprétée.

J'entends dire que le Juif qui l'a vendue est lui-même l'auteur de la triste situation où se trouve cette pauvre femme ; si cela est, il faut avouer que Judas n'a pas fait mieux, ni même aussi bien. Ici le parti blanc baisse la tête, plusieurs sont capables, par désespoir, de se faire républicains ; le noble vicomte seul, avec son aimable assurance, prétend que le parti n'en sera que plus fort, parce que la question de principe est dégagée des entraves que pouvait présenter la Régence ; j'espère que c'est se contenter facilement.

Les républicains se réjouissent et ne songent pas que cet événement peut donner autant de force à Louis-Philippe contre eux que contre les carlistes. Quant à nous, nous *attendons,* certains qu'il y a là une mine d'or pour l'affranchissement des femmes et qu'elle sera exploitée.

Les giboulées m'ont donné une légère teinte sombre ces jours-ci ; mes nerfs ont un peu fait leurs mauvaises plaisanteries. Quand ces moments-là viennent, je trouve bien qu'il y a un peu loin d'ici au 15 décembre prochain, cependant l'ennui ne fait pas grand ravage chez moi ; ma ceinture n'est pas trop large.

Ètes-vous bien obéissante, chère fille, aux prescriptions de ce vieux grognard que j'aime ? Jallat est-il content ? Songez que vous étiez bien fatiguée le 14 décembre 1832, mais que le 15 décembre 1833 je ferai peut-être courir très-fort ceux qui m'aiment le mieux, et à ce titre-là je sais bien que vous ne voudrez pas rester en arrière.

Adieu, Cécile, dites à Mimi d'apprendre vite à écrire ; si elle le savait, elle me donnerait tous les jours des nouvelles de la maman.

Je vous embrasse.

P. E.

CXXIXe LETTRE

A AGLAÉ SAINT-HILAIRE

24 février 1833.

L'adresse d'Émilie est rue Vieille-du-Temple, 35. — Je suis bien aise que Cécile puisse au moins aller vous voir, je croyais qu'elle gardait forcément la chambre.

Il ne m'appartenait pas de mettre au collier des signes pour des femmes, quelles qu'elles fussent, sauf l'invocation à la mère. Aussi le collier n'est-il *poli* que d'un côté, de l'autre il est *brut*; c'est là le signe du célibat.

Quant aux différents métaux, il y a en effet plusieurs signes différents ; les uns constatant la mort complète (Eugène, Bazard, Talabot), d'autres la séparation de Buchez et Margerin, d'autres les hommes mariés qui sont avec leur femme, d'autres, ceux qui se sont séparés de moi pour appeler directement la mère, d'autres enfin pour Michel et pour moi.

Je n'ai pas lu d'article de la *France nouvelle* sur l'attente, la brochure de Barrault, etc. Je n'ai aucune relation avec Sosthène, quoi qu'en aient dit des journaux qui annonçaient que j'avais dansé dans une soirée qu'il a donnée chez le directeur. J'ai refusé au contraire d'y aller, non-seulement parce que je ne me soucie pas de ces soirées, mais aussi parce que l'invitation en était faite en marquis, une demi-heure à l'avance et sous le nom du directeur. J'ai également refusé à celui-ci d'aller chez lui quand il avait du monde, parce que je me suis aperçu que ce brave homme voulait me faire voir à ses amis et *amies*; je n'en suis d'ailleurs que mieux avec les uns et les autres qui ont compris cette réserve. — Quant aux rédacteurs des journaux et autres *bourgeois*, nous nous en abstenons également ; nous sommes toujours *peuple* et nous en trouvons bien. Je crois que *quelques-uns* nous aiment déjà bien et même nous font aimer.

J'écris depuis quelques jours une longue lettre à Cécile, mais je n'en finis pas.

Michel ne reçoit en effet personne ; faites mes amitiés à Drut, qui est compris dans la loi commune malgré sa vieille amitié.

Remettez-lui, je vous prie, la lettre incluse de Lecamus, à laquelle, bien entendu, je n'ai pas répondu ; c'est sa douceur qu'il m'a envoyée en prison ; et donnez une bonne poignée de main à ce brave Drut.

Je n'ai encore rien reçu d'Holstein. — J'ai reçu une réponse très-amicale de Brack à ma lettre sur les femmes, réponse faible d'ailleurs pour ce qui concerne les femmes. Il me dit qu'il fait jouer notre musique à son régiment. A propos de cela je n'ai jamais pu savoir si les valses de David étaient gravées et tirées. Le savez-vous ? Je voudrais bien en avoir un exemplaire pour ici, ou deux, et en envoyer un à Brack. — Merci des lithographies. — Bonjour.

P. E.

CXXXe LETTRE

A HOLSTEIN

28 février 1833.

Oui, certainement, je recevrais avec plaisir des renseignements sur l'état de la famille de Lyon, mais je tiens à ce que ces notes de votre voyage restent comme monument de votre visite; je désire donc que ces renseignements soient écrits et non *verbaux*, mais cela ne presse pas.

Seulement, je voudrais spécialement savoir comment est Desloges, il m'a écrit, a écrit à Michel, et paraît rudement souffrir. Dis-moi aussi comment vont sa femme, sa mère et ses enfants, il paraît que beaucoup de choses là-bas l'ont frappé péniblement ; je ne sais par qui il a été blessé, mais les artistes et en général *ceux qui ne gagnent pas leur journée,* lui font mal au cœur. — J'ai reçu aussi une lettre de Hoart qui annonce aussi de la douleur. Comment est Bruneau ?

Ta lettre m'a bien rendu compte de la mission relative au collier, mais, je te le répète, j'ai besoin d'une note de vous deux indépendante de cette mission. — Je désire aussi savoir qui composait ces trois cent cinquante personnes du banquet. Y avait-t-il quelques bourgeois ? Arlès y paraît-il quelquefois ? et Decaen ?

Tu ne m'as pas dit comment se portait la bonne et active femme d'Arlès, ni comment elle nous aime, la pauvre mère qui pleure son petit Prosper.

J'ai remis le collier à Rochette.

Tu ferais bien de causer avec Aglaé de ce que je t'ai écrit hier sur les femmes pour le collier. Quand tu te seras bien entendu avec elle, je voudrais bien que tu en fisses faire de suite *deux,* un pour elle et un pour Cécile, que tu leur remettrais, non de la part du père, mais en ton nom d'ami du père, et comme un homme sûr de faire quelque chose d'agréable à *son ami*. Ceci toutefois sauf meilleur avis de toi.

Pauline nous apprend que Rigaud et Coché sont passés à Limoges, ce qui m'explique pourquoi Rigaud n'a pas reçu le collier de Barrault.

Tourneux n'est donc pas tourmenté par la conscription?

Je vous recommande, à Ménilmontant, la nuit du 2 au 3 mars (célibat), et de la rappeler comme devoir à ceux qni aiment ceux qui portent sous cette forme le joug de notre servitude apostolique.

Adieu, mon vieux.

Amitiés à tous les habitants de la maison sainte.

P. E.

CXXXIe LETTRE

A CÉCILE FOURNEL

Sainte-Pélagie, 3 mars 1833.

Je sais que vous êtes obéissante à Jallat, chère fille, et je m'en réjouis ; je vous en remercie, car c'est un peu songer à moi que de veiller à votre santé ; n'est-ce pas moi qui appris à nos enfants que je vivais *en eux* et qu'ils *vivaient en moi?* que NOUS vivions en une seule vie, en *DIEU?*

Vous avez vu, Cécile, par l'annonce du départ de Barrault, à quelle occasion je lui ai écrit, et qui m'a fourni le thème de la lettre où je lui exprime mon désir. DIEU s'est servi de la pauvre malade à son insu. *IL* a fait d'elle un instrument de bonne inspiration pour le PÈRE, parce que le Père l'aime, et que là où se trouve amour se trouve aussi inspiration, poésie. C'est en communiant avec vous du fond de ma prison et dans votre hermitage de douleurs, c'est en visitant ma fille qui vit à l'ombre de *Notre Dame,* c'est en déroulant quelques plis du plus profond de mon âme devant la vôtre si rudement froissée, c'est en faisant autour de moi le silence de la communion intime, que la grande voix d'Orient a frappé mon oreille. — Dieu a mis votre nom, ma fille, sur la bannière des missionnaires qui, sous l'inspiration de l'*homme,* vont proclamer, aux portes des mosquées et des sérails, l'amour nouveau, *libre, égal* de l'HOMME et de la FEMME ; la RELIGION nouvelle. Soyez bénie !

Mais assez parlé d'Orient et de Bannière. Si j'aime aujourd'hui à trouver ce que je ne cherche pas, la grande voix du *monde,* j'aime surtout à deviner ce que *DIEU* me fera bientôt trouver aussi, j'espère, la douce voix du cœur. Et vous d'ailleurs, ma fille, je sais bien que, comme nous tous qui avons été marqués par *DIEU* pour son œuvre, vous voulez, vous aimez à avoir un *nom ;* mais je sais qu'il vous faut comme à moi plus que cela, plus qu'un *nom* pour TOUS. Silence donc à la grande voix du monde..... causons.

Vous vous rappelez, mon amie, ce que je vous ai écrit de ce vilain petit David ; croiriez-vous que ce mauvais garçon me tient rigueur, et que je ne peux pas recevoir un mot de lui, moi qui lui avais fait mes adieux à Ménilmontant, en lui *demandant* de m'écrire tous les huit jours ! J'espère que je ne pourrai pas me vanter d'avoir été toujours heureux dans mes tentatives de conquêtes. Notre petit Orphée est coquet comme Vénus, il aime qu'on lui fasse la cour. J'ai la grande habitude de chercher dans les émotions que j'éprouve un enseignement pour moi et pour tous : je rêve donc aujourd'hui sur les affections des *hommes* entre eux, espérant qu'un jour, en échange de ma révélation sous ce rapport, ON me fera connaître les affections des *femmes* entre elles. C'est un travail qui nous manque, car j'ai dit comment je sentais les relations de l'*homme* et de la *femme ;* j'ai dit l'AMOUR, je n'ai pas dit l'AMITIÉ. — Depuis quelques années surtout, je peux même dire pendant toute ma vie, ce *problème* fut grand et sacré pour moi ; voilà pourquoi j'ai eu puissance de grouper autour de moi tant d'*hommes,* et pourquoi Holstein, symbole vivant de de ce qui est en moi d'amour d'*homme,* est resté fidèle, donnant aujourd'hui le signe d'AMITIÉ du PÈRE. Beaucoup n'ont pas compris ce symbole vivant, car beaucoup ignorent ce qu'il y a de nourriture pour l'âme dans cette *solidarité* spéciale ; mais si beaucoup ignorent tant de choses sur l'AMITIÉ, moi qui crois connaître le jeu de cette *affinité* divine, je ne l'ai pourtant pas encore formulée.

Je ne sais où je vais en parlant ainsi AMITIÉ avec vous, mais j'ai besoin de parler d'AMITIÉ et d'en parler avec vous. Donc *DIEU* en fera sortir quelque chose, et cependant je ne parle pas ici de l'AMITIÉ d'un *homme* pour une *femme,* ceci est un mystère qui rentre dans les relations des *deux sexes,* mystère si délicat, si fin, qu'un homme n'en doit pas parler, encore moins écrire, et qu'une femme peut-être n'en parlera et n'en écrira pas davantage, car il y a de ces choses qui ne se *disent* ni ne *s'écrivent,* et qui SONT. Celle-là en est une, je crois : à mon avis, c'est peut-être de toutes les créations divines la plus inexplicable, la plus mystérieuse plutôt, car elle est, comme Marie dans la conception, toujours vierge et pourtant mère.

Parlons donc des hommes.

Transon m'a délaissé, renié, repoussé ; Reynaud a voulu me salir, mais Transon et Reynaud étaient mes *enfants* et non mes *amis*... Holstein m'a toujours dit : TU. Il m'est resté.

D'un autre côté, tous mes enfants auxquels j'avais témoigné le plus d'affection *tendre* étant partis, je me suis trouvé entouré de ceux à qui j'avais montré non de l'indifférence mais une affection que je nommerais presque *respectueuse,* car c'était de l'*estime* plutôt que tout autre sentiment que je leur avais donné ; et enfin un jour, le 3 juin, les premiers de mes enfants à qui je dis : mes amis, furent Barrault, Michel et Fournel. Holstein était toujours là, me disant TU, tandis que les autres nous apprenaient, ainsi que je le leur avais demandé, à NOUS RESPECTER.

Voilà bien trois formes différentes d'affection entre les *hommes,* mais toutes trois empreintes d'*inégalité.* Il en est une quatrième, celle qui lierait deux hommes par un sentiment d'*égalité*.

Pourquoi moi qui ai vu et senti les joies et les douleurs des trois premières, n'ai-je pas pu toucher à la quatrième ? Pourquoi lorsque je serrais la main de Bazard, plein d'espoir dans ma conciliation et baigné de larmes, sentais-je en ce corps vigoureux des crispations qui me glaçaient et me refoulaient en moi-même ? Ce que la femme empêcha, le donnera-t-elle un jour ? Pourquoi aucun de mes enfants n'a-t-il pu apprendre de moi ni la quatrième forme ni même la troisième ? Pourquoi n'ai-je pas pu engendrer des *jumeaux*, ni même des couples semblables à moi et Holstein? Pourquoi enfin ai-je pour ainsi dire marqué au front tous mes enfants d'un signe de solitude *mâle*, si ce n'est pour que la *femme* leur apprenne à pratiquer entre eux l'amitié qu'ils n'ont pas pu puiser en moi?

Oui, Cécile, je crois qu'il ne m'a pas été donné de faire sentir l'AMOUR qui lie les membres d'un MÊME SEXE, parce que je devais avant tout apprendre aux *hommes* à aimer la *femme* selon la foi nouvelle; et pourtant cet amour est bien en moi; mais je ne sais, il me semble qu'il est en moi surtout parce qu'en moi est aussi la *femme*, car cet amour qui lie les membres d'un MÊME SEXE, l'AMITIÉ, je crois qu'il est encore presque inconnu du monde, et que, malgré les apparences contraires, la *femme*, qui dans son esclavage a montré jusqu'où pouvait aller la RIVALITÉ, est destinée à révéler prodigieusement à tous la puissance et les joies de la sainte *concurrence* d'AMITIÉ, la grandeur et la douceur de cette *émulation* divine qui unit, pour le bonheur de *tous*, DEUX ÊTRES D'UN MÊME SEXE.

C'est à une *femme*, c'est aux *femmes* à révéler aux *hommes* ce que c'est pour moi que Holstein, ce que je suis pour lui; c'est à elles de dire comment celui qui de *tous* peut-être, il y a deux ans, paraissait à *tous* le moins propre à suivre une aventureuse et religieuse destinée, a vu passer devant lui des ombres qui m'approchaient, m'embrassaient et fuyaient, des corps qui s'attachaient à moi, puis se brisaient et me déchiraient en tombant ; des êtres qui m'aimaient, que j'aimais, qui me glorifiaient, et qui aujourd'hui me maudissent : c'est aux *femmes* à le sentir et à le dire. Moi que puis-je ? Je le leur ai mis sous les yeux, bon et beau, pendant des années ; ils l'ont peut-être à peu près *compris,* mais ils ne l'ont pas entièrement SENTI, car ils ne nous ont pas *imité*. — Jallat, le bourru et rude Jallat, sent tout cela ; pourquoi ne sent-il pas aussi bien tant de choses que nous avons faites et dû faire, et qui l'ont éloigné de nous ? Pourquoi certain qu'il est que sa place est toujours là où il l'a prise, dans une bonne et saine partie de mon cœur, pourquoi Jallat qui m'aime autant et plus qu'il n'a aimé Buchez, brise-t-il *extérieurement* un lien qui, intérieurement, l'attache et m'attache.

Cécile, je vais, je vais toujours, je cause avec vous, marchant au hasard, et pourtant je sens le voile qui couvre en ce moment mon âme se soulever. J'aperçois en moi un désir, qui, au premier abord, vous paraîtra *impie ;* je veux savoir ce que l'avenir nous fait *perdre,* car je sais assez de ce qu'il nous fait *gagner ;* je veux savoir ce que vaut cette grande dépouille que nous laisserons au passé ; nous avons si souvent tressé la robe d'avenir ; assez de brillants et de perles ont paré nos têtes levées au *ciel ;* je veux voir la *terre* qui fuit sous nos pieds, elle a de belles et nobles choses qui marqueront saintement la trace de la belle, de la noble, de la sainte créature qui porte nom humanité.

Aimera-t-on un jour comme on aime ? — Non. Et pourtant cet amour tel qu'il est, imparfait comme peut l'être tout ce qu'il y a de meilleur en ce jour, a des joies et une grandeur qui tiennent à son imperfection même. Notre-Dame est une magnifique chose, et pourtant Notre-Dame croulera et on ne rebâtira pas de basiliques chrétiennes.

Tous ces enfants que j'ai élevés, tous ces hommes que j'ai aimés, je les ai aimés comme un *homme* MAITRE de la *femme* peut aimer des *hommes,* je dis plus, comme un CÉLIBATAIRE peut aimer des *hommes,* comme un CHRÉTIEN ; et, à la gloire de mon *DIEU* qui m'a fait homme, je puis le dire, mon cœur est une basilique d'AMITIÉ que j'ose largement comparer à Notre-Dame et à Saint-Pierre. Le vieux cœur s'écroule, ils l'ont tant miné ! Les protestants lui ont fait bien du mal ; grâces leur soient rendues, comme à Luther !

Oh! oui, toutes les assises de mon cœur ont été remuées, usées, grattées, cassées ; de mon vieux cœur. Celles du cœur nouveau sont déjà fondées par *DIEU;* je les sens et ne les distingue pas encore. Je sais comment j'aim*ais* et je m'y reprends encore ; j'ignore comment j'aime*rai* et je rêve avenir ; j'y rêve sans impatience; car je n'ai pas peur des ruines, sans crainte, car je suis sûr de mon *DIEU*.

Du haut de la coupole de mon âme, je puis donc plonger sans vertige jusqu'aux profondeurs des fondations du vieux temple.

Qu'est-ce que le cœur d'un *homme* qui n'aime pas une *femme* par ÉGALITÉ ? Qu'est-ce que le cœur d'un *homme* qui n'aime pas une *femme ?* Il peut être grand comme celui de Jésus, comme celui de Mahomet, c'est là mon vieux cœur peut-être ; du haut de mon espoir nouveau je peux le regarder et n'en pas rougir ; ce n'est pas l'avenir, mais j'ai tant d'avenir dans ma foi que je peux m'arrêter à saluer le passé.

Noble chevalerie, saintes retraites de moines, la fraternité des armes et du cloître est ensevelie sous vos débris ; elle y repose parée de la gloire et des dangers de la *guerre,* ou de la sévère et froide enveloppe du *célibat;* l'épée et la cuirasse s'y rouillent, la discipline et le froc y tombent en poussière.

Salut à mon vieux cœur qui va les joindre ; il a aimé en *maître,* en *noble,* ou bien en *moine,* en *frère,* il n'a pas aimé en ÉPOUX, en PÈRE, selon la loi nouvelle de Dieu, mais il FUT grand ! Salut à mon vieux cœur ; je veux voir sa cuirasse de fer, malgré la rouille, et les pointes aiguës de sa discipline éparses dans la poussière des lanières de cuir et du livre de prières.

Holstein a pu me donner *toute* l'amitié que j'attendais de lui ; j'ai pu lui donner toute celle qu'il attendait de moi ; nous étions l'un et l'autre CÉLIBATAIRES, mais si l'un de nous deux avait eu dans son cœur amour de femme, si tous deux avions été aimés d'amour de femme, certes notre amitié aurait pu grandir, mais à coup sûr elle aurait grandi comme la vierge qui devient mère en perdant sa virginité.

Oh! oui, Cécile, les poëtes de nos jours n'ont pas eu toujours tort; la fleur de la vie humaine est tombée : avant sa chute elle s'est flétrie; ils ont cru à la mort, parce qu'ils croyaient l'arbre stérile et n'en connaissaient pas le fruit; là ils se sont trompés, mais ils ne se trompaient pas en pleurant sur la fleur tombée. Et ne l'avons-nous pas dit mille fois : c'est l'ÉPOUSE que nous attendons et non pas la VIERGE; c'est le PÈRE cette fois qui a parlé et non le FILS; il a appelé la MÈRE et n'a pas dit : *Laissez venir à moi les* PETITS ENFANTS!

Un jour, je me rappelle, Hoart, le vieux soldat, disait : « PÈRE, je conçois bien les joies des « grandes œuvres de l'avenir, je conçois qu'elles « *remplacent* la gloire et l'éclat des œuvres mi« litaires; mais dans celles-ci, PÈRE, il y a « une animation, une poésie qui seront donc « perdues? Père, je suis joyeux en face de « l'avenir, mais je donne, sans croire faillir, « une larme au passé. »

Que l'*homme* porte le deuil de sa domination passée, la *femme* le dépouillera de ce vêtement sombre, et lui pardonnera d'avoir encore jeté un regard de respectueuse admiration, de généreuse tendresse, sur la triple couronne qu'il dépose, en attendant le signe d'UNION que *DIEU* PÈRE et MÈRE de tous et de toutes placera sur la tête de la *femme* et de l'*homme*.

Le trône de l'*homme* est tombé, et voilà que presque tous les hommes qui m'entouraient, et qui, de leurs épaules, semblaient tous vouloir me refaire un trône, m'ont quitté, les plus audacieux croyant presque ma vie épuisée, les autres attendant TOUT de la *femme* et ne s'inquiétant plus de ce que pourrait leur donner l'*homme*.

Le trône de l'*homme* est tombé, et c'est moi qui consomme la grande abdication : j'enterre en une prison ma couronne de jeunesse et d'ardeur.

Elle était belle ma couronne de jeunesse!... *DIEU* ne veut plus confier le sort du monde à un jeune Alexandre ou à un vieux pape, c'est à l'ÉPOUX et à l'ÉPOUSE qu'il le destine ; va donc, belle couronne, va..., mais que je baise tes fleurs fanées, elles sentent bon encore, l'AMITIÉ les conservera.

Cécile, la froideur de ma vie n'a plus rien à faire au monde, mais j'aime à en souffler aujourd'hui le parfum sur votre lit de souffrance, il me semble que je vous porte ainsi un air pur qui vous donne du calme.

La fraîcheur de ma vie, ce n'est pas l'amour, mon amie, c'est l'AMITIÉ. J'ai été l'homme qui aimait L'*homme* et LES *femmes*, bien plus que l'homme aimant LA *femme* et LES *hommes*. J'ai été *ami* bien plus qu'*amant*, apôtre de l'affranchissement DES *femmes* et très-mince *libéral*. — J'ai consacré jusqu'ici toute la vie *sociale* que *DIEU*, par Saint-Simon, m'a donnée, à préparer le saint avénement DES *femmes* à l'association, et j'ai mis la gloire de ma vie *individuelle* dans l'affection INTIME DES *hommes* que j'ai groupés en FAMILLE autour de moi pour notre apostolat. Ma vie *sociale* est largement satisfaite, ma vie *individuelle* ne l'est pas ; la cloche qui sonne l'affranchissement des *femmes* s'ébranle à toute volée et appelle la MÈRE. Eh bien, la venue de la MÈRE elle-même, si je ne la réunissais pas par la pensée au *retour* des enfants ÉGARÉS, comme à la *glorification* des enfants FIDÈLES, trouverait mon cœur froid ; car ce vieux cœur est fait de telle sorte que ma constante affection pour ceux que j'ai engendrés à la vie, pour celui qui me l'a transmise, pour eux tous qui me renient, me semble être la plus digne et la plus solide garantie de mon cœur d'*homme* que je puisse offrir à la MÈRE.

Je crois, Cécile, vous avoir déjà fait sentir en plusieurs circonstances, à propos de Rodrigues, de Transon, de Reynaud et de tant d'autres, une partie assez ignorée du martyre auquel DIEU m'a soumis. Ma nuit de Ménilmontant, au départ de Lambert, en fut la dernière crise ; vous le concevez mieux encore, et je vous dis qu'à plusieurs reprises j'ai cru que j'ajouterais un jour le nom d'Holstein à cette ligne de l'attente ; *il n'est pas jusqu'à l'amour de ma mère que je ne t'aie donné.*

Me trompai-je, Cécile, en comptant sur LA *femme,* sur LES *femmes,* pour mettre en lumière cette forme de ma vie ? Je ne sais, mais j'oserais à peine en parler tant à des *hommes ;* il me semble qu'ils ne sentent pas encore cela, et qu'ils refuseraient d'être engendrés à cette vie par un *homme ;* je craindrais presque qu'ils ne trouvassent ce sentiment d'affection puéril, enfantin, indigne d'un chef d'hommes ; le fait est que je ne leur en ai rien dit, et que je vous en parle.

Quelquefois il me semble aussi que tous les *hommes* qui courent au-devant de la MÈRE, qui pressent l'affranchissement des *femmes,* sont près d'oublier l'*homme* et l'amour des *hommes,* et que n'ayant plus *entre eux* qu'un lien mystique, leur *compagnonnage* finira par la mission *solitaire.*

Et alors je me demande encore, ô mon *DIEU,* comment j'ai pu mettre si profondément en eux mon amour pour les *femmes,* comment surtout j'ai pu leur inspirer d'appeler plus clairement que moi-même la *femme,* et comment toutefois il ne m'a pas été donné de leur communiquer mon amour d'*homme;* comment enfin j'ai pu engendrer des fils de LA *femme* qui ne sont pas frères, et dont plusieurs se sont presque faits orphelins.

Et tu me réponds, ô mon *DIEU,* que je leur ai donné ce que je *devais* leur donner, leur vie *à venir,* tandis qu'en leur transmettant mon amour d'homme, je ne leur aurais donné qu'une vie *passée.*

Car ce FUT en adorant *DIEU* PÈRE que j'AIMAI, c'EST pour *DIEU* MÈRE que j'AI ENGENDRÉ, ce SERA pour *DIEU* PÈRE et MÈRE que j'aimeRAI, que je donneRAI la vie.

Et ma vie aura été un symbole de la vie de l'*homme;* tout à *DIEU* PÈRE dans son *enfance;*

à *DIEU* MÈRE dans sa *jeunesse,* à *DIEU* PÈRE et MÈRE dans sa VIRILITÉ.

Ma VIRILITÉ s'avance et met au passé ma vie *d'enfance* et de *jeunesse*.

Je dis déjà *DIEU* PÈRE et MÈRE, pourtant j'aime bien encore la vie de PÈRE, malgré toute la vie de MÈRE que depuis sept années j'ai fait passer à travers mon être pour la verser sur le monde.

C'est un retour vers ma vie *d'enfance,* au moment où finit ma jeunesse.

Le PÈRE n'a encore conduit que des *jeunes hommes,* comme un MAITRE; *DIEU* veut lui donner des *enfants.*

C'est un retour vers ma vie d'enfance, car, dans ma dernière nuit de liberté, Dieu m'a entouré d'enfants qui venaient reposer sur mes bras; et lorsque les petits des prisonniers viennent ici visiter leurs pères, ils demandent à me voir et accourent dans ma chambre pour recevoir une larme.

C'est un retour vers ma vie d'enfance, et ce retour est saint; car voilà qu'à ma prison, déjà deux fois, Dieu envoie la *bonne* qui me berça sur ses genoux, et qui apporte encore aujourd'hui des gâteaux et des fruits à son Prosper pour adoucir ses chagrins.

Mais, Cécile, ces petits qui reposaient sur moi, ceux qui viennent ici me visiter et jouer avec moi, et les cadeaux de ma vieille bonne, qui me tutoie, empêchent-ils que ceux qui m'ont fait dire : JE SUIS PLUS HEUREUX QUE JÉSUS, soient loin de moi ? Empêchent-ils que j'aie fiancé mes enfants avec le monde et qu'ils aient quitté le toit paternel ?

DIEU BONNE, tu sais la douleur de la MÈRE qui se sépare de ses enfants, même pour les noces les plus belles : au pied de la croix de Jésus, sa mère priait et pleurait ; au pied de ma croix, ma mère est morte, c'est que Jésus n'appelait que son PÈRE et moi l'ÉPOUSE.

Pour affranchir les *disciples* du MAITRE qui avait dit : Tous les hommes sont *frères*, JÉSUS, le FILS de l'*homme*, est mort tout entier, et moi, PÈRE des *hommes*, il faut bien pour émanciper mes JEUNES fils et les envoyer au-devant de leur MÈRE, que je sente mourir *en moi* ma JEUNESSE.

Pour engendrer UN peuple, il fallut à Moïse la science et la prudence du *vieillard ;* pour régénérer et gouverner DES peuples, Mahomet dut porter sur sa tête le poids d'un *demi-siècle;* je sens que, pour montrer au MONDE sa grâce de MÈRE, *DIEU* veut donner à sa face de PÈRE toute sa mâle majesté.

Dieu n'écrit rien sans qu'en même temps il n'efface, mais il ne défend pas de verser une larme sur la lettre effacée.

Cécile, vous ne m'en voudrez pas, mon amie, pour ce que je vais vous dire, vous me comprendrez si bien!

Parfois il me semble que mon cœur est glacé; je n'aime plus et je n'aime pas encore, ou bien ce que j'aimais je ne l'aime plus de même, et ne sais pas comment je l'aimerai. Certain d'aimer mieux un jour et d'être mieux aimé, mes espérances sont couvertes de nuages, et mes souvenirs sont clairs et précis.

Je suis sur la limite d'une vie, et j'aspire à une autre, et lorsque je retrouve en mon cœur les sentiments qu'autrefois j'éprouvais, revêtus encore de leur forme passée, j'en ai presque peur comme de revenants d'un autre âge; je sais qu'ils étaient bons et saints *autrefois,* mais que valent-ils *aujourd'hui,* aux yeux de DIEU? Il n'en veut plus.

Là où je porte mon amour d'homme, suis-je

un obstacle ou un excitant à la vie? Lorsque j'embrasse, mes bras, mes bras d'homme, qui ne sont pas enlacés avec ceux d'une femme, n'étouffent-ils pas? Oh! certes je ne repousse point mon passé : j'ai dû presser et éprouver, à l'étau de mes doigts de fer, tous ceux qui osaient prétendre à la palme apostolique; j'ai dû les passer au crible où Dieu les attirait par l'aimant qu'il avait mis en moi; j'ai dû consumer bien des pailles, et brûler aussi beaucoup d'ailes légères, au feu où *DIEU* trempait les matériaux du nouveau temple; mais le temps d'épreuve par le PÈRE est fini, et pourtant ce feu, cet aimant, ces doigts de fer, je ne peux pas dire je les aime, sans les voir, parce que jusqu'ici j'ai attiré, pressé, brûlé, presque tout ce que j'ai aimé.

O mon *DIEU!* moi aussi j'ai été bien brûlé! — Je ne veux plus aimer ainsi : mais comment aimer?

Eh bien, Cécile, dans cette vie d'amour qui s'éteint et qui va se transformer, je vous l'ai dit, il est pourtant une forme dont je veux profondément marquer la trace. Non, je ne donne pas mon vieux cœur comme une sainte relique d'amour de *femme,* car je n'ai appelé avec tant d'ardeur son nouvel amour que parce que l'ancien ne satisfaisait pas mon âme; mais je veux entendre une bouche de *femme* dire ce que c'est qu'UN HOMME QUI AIME UN HOMME, dire l'amitié dans toute sa *grâce,* comme JÉSUS a dit la FRATERNITÉ dans toute son *austérité.*

Oh! oui, l'AMITIÉ est un amour, et le nom d'amour a tant fait peur au chrétien qu'il n'a voulu voir dans les hommes que des *frères,* comme pour laisser tomber entre eux le voile de sévère pudeur qui sépare le frère de la sœur; et pourtant un AMI n'est pas plus un FRÈRE qu'une épouse n'est une sœur.

Un AMI, c'est le lien que *DIEU* consacre à l'union des fils de la *petite famille* avec un des fils de la *grande famille;* c'est par lui que l'homme sort du toit du patriarche, par son frère il y resterait attaché comme un Juif: c'est à force d'aimer un *homme* que l'*homme* s'apprend à aimer plus qu'un *homme,* une *femme.*

Celui qui a trouvé hors de la famille du sang un homme qu'il aime autant et autrement qu'un frère, celui-là a fait le premier pas dans la religion des *hommes,* et cette pieuse recherche est un devoir aussi sacré, aussi obligatoire que celui qui commande le MARIAGE.

Vieux monde où *DIEU* nous envoie avec LA

vie nouvelle, nous t'avons fouillé de toutes parts, et sous tes riches vêtements ou tes guenilles nous avons montré tes plaies d'égoïsme. Nous t'avons promis une foi nouvelle, un nouvel amour, une industrie et des sciences nouvelles, une politique nouvelle ; d'où vient que nous ne t'avons pas dit aussi une AMITIÉ nouvelle ? Serait-ce que, devant ta misère, nous étions aussi pauvres que toi ?

Et moi qui me croyais si riche pourquoi n'ai-je pas parlé ? Pourquoi en ce moment même où je sens le besoin de le faire, ne puis-je mettre dans la peinture de cette religion d'*un sexe* la chaleur et la lumière que je voudrais y répandre ? Je me sens obscur et embarrassé ; j'ai peine à finir cette longue épître depuis si longtemps commencée ; je cherche... le verbe ne vient pas ; j'hésite ; je n'écris pas, je *travaille :* je travaille comme jamais je n'ai travaillé, péniblement.

Il n'est plus temps, Cécile, la fleur de ma vie est tombée ; je ne puis célébrer le printemps ; c'est toute ma vie passée qu'il faudrait redire, et je ne le veux pas, car la voix de ma vie présente trouverait des larmes là où il faudrait chanter et sourire.

Oh! que cette voix de femme qui dira l'AMITIÉ sera douce!

Mon *DIEU!* elle nous rendra les joies du cœur transformées et embellies par ton amour de MÈRE. Il est vide mon cœur. Depuis une année, année de célibat, sévère préparation à ma vie nouvelle, année lourde, qui par son poids est grande, il m'a fallu l'épuiser ce cœur; il m'a fallu, comme à la vieillesse, voir chaque jour tomber quelques-uns des charmes de ma première vie, quelques-uns des fleurons de ma jeune couronne.

Mon Dieu! je suis prêt à te recevoir sous la forme nouvelle que tu me destines : mon cœur est vide!

P. E.

CXXXII^e LETTRE

A HOLSTEIN

3 mars 1833.

D'après un mot qui m'a été mal traduit peut-être par nos gardiens, je serais porté à croire que Carolus va partir pour Lyon, et peut-être aller avec Barrault; ainsi se terminerait la petite difficulté avec Michel, et j'en serais doublement enchanté, car, dans notre position à tous, les picoteries sont de très-mauvaises choses.

Tu as raison, la prison porte avec elle une dose de patience; et je conçois très-bien que la nôtre, sous ce rapport, soit plus puissante que la vôtre : si nous pouvions alterner mois par mois, cela vaudrait peut-être mieux pour tous.

Je t'écris au milieu de la grande nuit du célibat, mon vieux; voici une rude année finie, la campagne compte double au moins, si ce n'est triple; on ne dira pas que nous n'y avons rien gagné, car nous avons des barbes qui font la queue aux sapeurs ; matériellement parlant, je ne vois guère d'autres bénéfices, et pourtant cette vie est belle et grande, elle fait bien sentir le chrétien ; nous le *savions* assez bien le susdit chrétien, mais nous ne le sentions pas ; le voilà incarné jusqu'à la troisième capucine, gloire à Dieu ! C'est Bouffard qui avait fait les frais de la nuit de 1832, c'est lui qui nous a nourris aujourd'hui ; Petit nous avait apporté des vivres qui nous ont permis de donner à dîner à quatre bons prolétaires, deux de Clichy et deux de Paris.

Bonsoir et bonjour, mes enfants.

P. E.

CXXXIII[e] LETTRE

A LAMBERT

Sainte-Pélagie, 5 mars 1831.

Cher fils, tu dis : « Les compteurs du temps, « les aiguilles de l'horloge céleste, sont par

« rapport à la terre, la *lune,* le soleil, les pla-
« nètes et le mouvement diurne. »

Et ensuite : « Le mouvement diurne, par rap-
« port aux autres évolutions, constitue l'aspect
« *un* de la CHRONOLOGIE ASTRONOMIQUE, c'est le
« jour, l'évolution *lunaire* ou le mois, l'évo-
« lution *solaire* ou l'année. Les mouvements
« planétaires, qu'on rattachait à la semaine,
« en constituent ce me semble, l'aspect *mul-*
« *tiple.* »

Je crois que tout cela n'est pas régulier et qu'il faudrait s'exprimer ainsi :

Les compteurs du temps par rapport à la TERRE (c'est-à-dire en donnant à la terre le caractère SACERDOTAL), sont le soleil et la *lune.*

D'où la révolution diurne de la TERRE ou JOUR serait le moment SACERDOTAL, l'année, le moment solaire (homme), et le MOIS *(lunaire),* le moment de la *lune (femme).*

La quaternité que tu prends, lune, soleil, planètes, mouvement diurne, est mauvaise, et cloche en tous points ; — je te défie de la souligner ; aussi ne l'as-tu pas fait.

Il y a, au contraire, trinité très-belle et large entre :

TERRE, soleil, *lune ;* la TERRE entourant SA-

CERDOTALEMENT le soleil de son salut QUOTIDIEN et se sentant *caresser* perpétuellement par une *lune* de miel.

Les planètes sont trop ambitieuses, tu les mets dans une compagnie où elles n'ont que faire. J'aimerais mieux y voir les comètes (A), mais je préférerais surtout y voir une division sidérale quelconque, quand bien même tu n'admettrais ni les vieilles constellations zodiacales, ni le nombre 12, quoique ce nombre soit le plus beau pour le cercle (quadrature, TRISECTION).

Les planètes ne doivent pas figurer là par une autre raison encore : c'est que tu n'en connais pas le nombre, qu'il y a même lieu de croire très-RELIGIEUSEMENT que nos moyens d'observation, quelque perfectionnés qu'ils soient, devront toujours nous laisser dans une incertitude SAINTE sur ce nombre.

J'aimerais presque mieux y voir les comètes, ai-je dit (A), parce que au moins pour celles-là on peut se poser la question de leur passage dans le voisinage de la terre, et qu'à la rigueur, on peut les regarder comme des envoyés spéciaux de Dieu pour réjouir ou châtier spécialement la terre.

D'ailleurs, jugeant cela au point de vue des

influences, je crois qu'il y a, dans le choix que tu as fait des planètes pour cette place, une exagération presque semblable à celle des fruits rouges et autres de Fourier.

Quant à ton aspect un et à ton aspect *multiple,* je crois que tu devrais t'exprimer ainsi :

Le moment TERRESTRE ou le JOUR est un par rapport au moment solaire ou année (c'est-à-dire que l'homme comptera l'année en un nombre entier de jours) ; il est *multiple* par rapport au moment LUNAIRE [c'est-à-dire que l'homme comptera le MOIS LUNAIRE tel qu'il est (car cette lune est *volontaire*) en JOURS et FRACTIONS de jour].

D'où résultent les années bissextiles d'une part, complétant les années, et les phases de *lune,* DIVISANT les MOIS solaires, ou du moins les JOURS, si tu veux compter par MOIS *lunaires,* ce qui d'ailleurs vaut, je crois, mieux (B).

En d'autres termes, la TERRE se plie à certaines *volontés* de MADAME la *lune,* et impose les siennes à monsieur le soleil ; c'est la *liberté* et l'autorité, la *multiplicité* et l'unité.

(B) J'ai dit tout à l'heure que les *mois lunaires* me paraissent meilleurs que les *mois* solaires, non-seulement par l'immense quantité de peuples qui comptent ainsi, mais parce que, on a beau faire, c'est la division *pratique*, de *production*, et que, comme tu le dis, les premières réhabilitations d'Arago n'en resteront pas là, tandis que la division théorique, historique, est celle de l'année solaire.

D'où résulte, comme tu vois, que je conserve (C) l'année solaire chrétienne, mais que je ne maintiens pas, que je *change* (C) l'année ORIENTALE, car je crois que les années devront se compter par tant de *mois lunaires* et tant de JOURS et heures *lunaires*.

(C) Je viens de dire conserver et *changer*; le premier mot pourra te paraître faux, parce que, à la lettre, il semble dire qu'il faut conserver Notre-Dame, Saint-Pierre et le Pape. Si je conserve l'année solaire, je change le MOIS solaire, et si je *change* l'année *lunaire*, je conserve le MOIS *lunaire*; je pourrais donc dire que je ne fais pas de jaloux ; mais il y a plus, je crois que nous montrerons le PROGRÈS, même des choses conservées, c'est ce que nous verrons plus tard.

J'espère, me dis-tu, en rapportant à la conception spirale épicycloïde les observations réelles, rendre les comparaisons périodiques et les *déplacements* correspondants plus frappants de simplicité et de *clarté*.

Ne crois-tu pas qu'on peut dire d'abord :

L'année solaire est de 365.2422, etc., RÉVOLUTIONS TERRESTRES ; donc, la courbe tracée par la terre autour du soleil n'est pas une courbe fermée, même en admettant une OSCILLATION, car le nombre des *révolutions* est IM-parfait. Ceci me paraît un résultat d'axiome HUMAIN.

La fraction 2422, etc., n'est-elle pas la traduction numérique de l'expression du MOUVEMENT ASCENSIONNEL de la spirale sensiblement conique que parcourt la terre? c'est-à-dire qu'en supposant le cône différent d'un cylindre d'une quantité infiniment petite, la portion de rotation imparfaite exprimée par cette fraction donnerait la mesure de l'inclinaison de la spirale et en même temps de la diminution d'obliquité de l'écliptique.

Toutefois pour ce dernier phénomène, j'aurais besoin d'explication. Tu m'en as déjà pourtant parlé, mais je goûte peu ton printemps perpétuel, qui ne serait, ce me semble, printemps que pour une zone, et qui serait glace ou *chaleur* perpétuelle pour d'autres (D).

J'aime assez tes grandes années de 600 ans.

As-tu fait part de la concordance de Pâques à Barrault ?

Tu sais combien le commencement du VIIe siècle est grand par Mahomet et le commencement du XIIe, par Zingiskan. — N'est-ce pas à peu près en 1233 que saint Louis est monté sur le trône et que l'inquisition d'Espagne faisait ses plus beaux auto-da-fé ?

(D) L'idée de Laplace sur la limite au rapprochement de l'écliptique ne me paraît pas une contradiction ; mais, comme tu le dis, il n'y a pas TENDANCE vers un TYPE ou plutôt vers le MIEUX, car le type c'est DIEU, et l'homme ne le définit que par : ce qui est MIEUX; ce qui est PARFAIT n'était pas une définition.

Tout ce que tu me dis sur la partie humanitaire me fait voir que si tu as quelquefois mal étreint, c'est parce que tu as trop embrassé. Mais ici, pour me faire bien comprendre, je vais parler directement du calendrier, car c'est un calendrier et non un cours d'histoire et d'*astronomie,* de physiologie et de *physique;* un calendrier, dont le plus bel exemple jusqu'ici est le calendrier chrétien, comme la religion chrétienne est la plus avancée.

Le calendrier a une partie historique et une partie *prophétique*.

La partie historique est principalement humaine.

La partie *prophétique* est principalement *astronomique*.

Le calendrier *annonce* principalement ce que sera le *monde* à un moment *futur* donné.

Et il raconte ce que fut l'homme à un moment passé, également donné.

(Je dis moment des deux côtés, parce que en définitive un calendrier est un livre.)

De cette manière, le calendrier est un livre qui enseigne à l'homme comment il devra VIVRE dans chaque moment *futur* décrit, car il lui donne à l'avance l'INSPIRATION humaine passée et l'INSPIRATION mondaine *future* (toujours principalement, car il y a la *prophétie* humaine aussi, et la tradition *mondaine,* mais je les néglige pour un moment, elles doivent même, pour ainsi dire, NAITRE de la COMMUNION par *rapprochement* raisonné des deux premières colonnes, de telle sorte que les CONCORDANCES de *prophétie* humaine et de prophétie astronomique, ou de tradition *astronomique* et de tradition humaine seraient en grande partie le fruit des méditations sur l'homme passé et le MONDE *futur*, du moins ce serait le fruit que l'on retirerait de la lecture du calendrier, fruits qui seraient généralement tout personnels pour chaque lecteur, et qui seraient généraux seulement lorsqu'ils seraient communiqués par la bouche papale, comme révélation pour tous, par exemple quand il s'agirait d'*entreprises* sociales *annoncées* ou de *pratiques* INDIVIDUELLES *commandées*.

La partie *prophétique* est double ; les jours ou calendes, unités du calendrier, lignes de ce livre, se *groupent* selon le soleil et selon la *lune*, en années et *mois;* c'est, à proprement parler, le LIEN entre le soleil et la *lune*, c'est la LOI que la TERRE leur impose.

La partie historique est double ; chaque jour se distingue par un fait mâle et un fait *femelle* (ce sont les saints et les *saintes*).

Pour cette seconde partie, à défaut de la parole de *femme* nous devons prendre provisoirement un autre dualisme, individu et *peuple ;* œuvres royales, œuvres *populaires*.

Voilà la forme la plus générale du calendrier.

Il y a certainement encore *calendrier* astronomique, *calendrier* agricole, *calendrier* lunaire, nautique, etc., etc. On peut en faire pour chaque corporation; celui de la Révolution avec des noms de légumes correspond parfaitement au moment où l'on guillotinait les bourgeois qui ne plantaient pas de pommes de terre dans leurs jardins anglais, mais, je le répète, voilà la forme générale du calendrier.

Et j'ajoute que c'est seulement par des considérations subsidiaires, telles que les signes du zodiaque, l'épacte, le nombre d'or et les lettres dominicales, que l'on rend le calcul du calendrier astronomique facile, comme c'est par une biographie que l'on rend la lecture intéressante; c'est-à-dire qu'avec des règles générales, on relie les faits astronomiques, et avec des histoires spéciales, les faits humains.

Tout ceci, je pense, te montrera au moins la possibilité de faire très-prochainement le calendrier ACTUEL, sauf à réfléchir encore sur le calendrier futur; car aujourd'hui nous avons peu à changer, astronomiquement parlant, et, quant à la partie humaine, il est bon qu'il y ait des places vides.

Tu ne m'as pas dit quelle était la valeur de la phrase de Barrault sur les planètes.

Je désirerais savoir la proportion qui existe

entre la partie de la surface de la terre, couverte d'eau, et celle où paraît la terre.

Quelque longue que soit cette lettre, encore un mot : je t'embrasse.

P. E.

CXXXIV^E LETTRE

A LAMBERT

Sainte-Pélagie, 1er avril 1833.

D'après ce que tu m'as écrit sur les grandes années de six cents ans et un jour, je désirerais bien savoir s'il est possible de constater l'état particulier des planètes qui correspond à cette similitude de position du soleil, de la terre et de la lune. Je m'explique : de ce que telle ou telle planète, Vénus ou Jupiter, occupera telle position du ciel, dimanche prochain, peut-on en conclure, *par une loi simple,* qu'elle occupait telle autre position le vendredi saint, jour de la mort de Jésus?

De cette identité de position des trois corps, il résulte donc que Pâques était le 10 avril l'année de la mort de Jésus.

De cette identité de position peut-on conclure :

1° Une marche ascendante de *déplacement* des trois corps, les uns par rapport aux autres, depuis le premier jour jusqu'à la fin du troisième siècle, de telle sorte que cette *demi-année* serait, par rapport au *commencement* et à la *fin*, un maximum de divergence.

2° Une marche inverse pendant les trois derniers siècles.

Si ce que je dis là était, quelle serait la loi qui donnerait la position des trois corps à la fin du troisième siècle, quand on connaîtrait celle du premier jour.

Cette loi serait l'expression des plus grands entrechats que peuvent battre le soleil, la terre et la lune dans leur danse.

Sais-tu si les ténèbres du vendredi saint ont été attribuées à une éclipse? il me semble qu'alors nous aurions dû en avoir une cette année, le 7 avril ; or, il n'y en a pas.

N'a-t-on pas attribué les phénomènes de ce

jour seulement à un tremblement de terrerere, et à une éclipse, ni à une comète?

Quelle est la modification zodiacale accccccccomp dans une évolution de six cents ans et unnnnn jou En d'autres termes, quel signe occupait le le le le sol au solstice d'été dans l'année de la naissasasasance Christ et quel signe occupera-t-il cette annnnnnée?

L'éclipse du soleil du 17 juillet pourururur ce année a-t-elle eu lieu l'année 33, le 14 juillillillillet?

Voilà bien des questions, auxquelles je te te te te pri cher fils, de répondre promptement. Bonjajajajour.

P. E.

CXXXV^e LETTRE

—

A AGLAÉ SAINT-HILAIRE

13 mars 1838383833.

Ma provision de tabac est finie, ma a a a chè Aglaé; vous qui êtes ma cantinière, mememenettez-ordre, je vous prie. — Vous avez vu par le le le le re voi rapide de votre vase pour le beurre, cororororombie nous l'avons trouvé bon. Petit a dû vous demander s'il fallait s'arranger pour le renouveler, le vendredi, qui est, je crois, le jour du marché. Je voudrais du tabac ordinaire et un paquet de Maryland.

J'ai promené toute la matinée ; j'ai les doigts gelés, mais ce temps-là me va fort bien. — Vous demandez ce que nous faisons. Je ne fais rien, absolument rien, je rumine. Michel travaille, mais nous ne parlons nullement ensemble de ce qu'il fait ; j'ai désiré qu'il en fût ainsi ; nous avons besoin, l'un et l'autre, d'essayer pendant quelque temps à prendre toutes nos forces en nous. Notre vie même, sous ce rapport, est assez drôle ; nous ne communions pour ainsi dire que par le repas, et là nous parlons presque autant de nos haricots et de nos lentilles que d'autre chose. — Quant à moi personnellement, je suis couché chaque jour à dix heures, je me lève à sept. — De sept à dix, je fais ma chambre, je m'habille, tout cela me prend beaucoup de temps. A dix heures, je déjeune, et jusqu'à trois heures et demie quatre heures, je flâne, je fume, je reçois l'un et l'autre, je lis les journaux ; vraie vie d'oisif ou de rêveur. A quatre heures commencent mes opérations culinaires ; je prépare le dîner; je mets la table, je fais mes petits ragoûts. A cinq heures et demie nous dînons; de six à sept je me promène dans la cour pendant que Michel lève la table et lave la vaisselle, très-peu nombreuse, il est vrai. A sept heures je reviens dans ma chambre et Michel fait à son tour sa promenade. Jusqu'à huit heures je reçois sept à huit prolétaires; on fume et on cause. A huit heures on ferme les portes; alors je lis ou j'écris quelques bouts de lettres à vous ou à Holstein, Fournel, Rochette, selon l'occasion. A dix heures je m'endors avec l'Alcoran ou la Bible, ou même un livre de messe ou un voyage.

Voilà ma vie actuelle; je ne vous la donne pas pour amusante, mais pourtant si elle a ses ennuis, elle a son charme.

Adieu, Fournel m'écrit que Cécile va bien. — Bonjour au père et à Augustine. — Je vous embrasse tous trois.

P. E.

CXXXVIe LETTRE

A AGLAÉ SAINT-HILAIRE

17 mars 1833.

Vous voulez que *tout cela se dénoue sans donner votre avis;* je ne sais si vous avez raison, mais enfin, c'est votre avis. Quant à moi, je ne sais pas comment N*** pourra s'en tirer.

Toute l'histoire de Chab.... à l'égard de Michel, je la savais depuis longtemps. Mais, au reste, avec tout le *mal,* qui est dans la FORME, il y a quelque chose en tout ceci qu'il est *bon* de regarder, quant au FOND. Je cherche, depuis que je suis ici, une solution relative à Michel et je ne la trouve pas encore. Lui aussi doit avoir un rôle *indépendant* de moi à jouer. Quel rôle et comment y arriver? Je l'ignore, mais il le faut, cela presse de toutes manières; la parole de d'Eichthal doit s'accomplir. *Je* dois être SEUL et mes enfants doivent avoir *tous* la LIBERTÉ; et ma solitude durera tant que je n'en serai pas tiré par *eux* et par ELLE; elle me sera moins dure, même sous cette forme. — Bonjour.

P. E.

CXXXVII[e] LETTRE

A AGLAÉ SAINT-HILAIRE

23 mars 1833.

J'ai été très-content de Justine de Liron; je n'ai pas trop compris le conte fantastique qui suit, mais en somme le volume m'a fait grand plaisir; c'est une bonne manière d'introduire quelques sentiments nouveaux. Je crois que vous ne voyez plus M. de Lécluze, sans cela il mériterait un joli compliment de votre part.

Les amitiés qu'Adèle Bigot vous charge de me faire, m'ont fait aussi un vif plaisir; j'ai toujours beaucoup aimé Adèle, et plus encore depuis sa douloureuse visite avec Stéphanie et ses dures paroles pour moi; je n'ai qu'un reproche à lui faire, c'est d'avoir limité sa vie beaucoup au-dessous de ce qu'elle devait être, mais cela viendra. D'ailleurs, il y en a tant qui font le contraire, c'est une compensation, faites-lui mes amitiés.

Votre beurre nous fait toujours passer des heures fort agréables.

Mon 22 mars, dont je vous parlais l'autre jour, s'est passé inaperçu ; or, vous savez comme je trouve toujours le bon côté des choses ; eh bien, je suis enchanté de la nullité de ce jour ; je cherchais la solution d'une chose, et puisque je ne l'ai pas trouvée pour le 22 mars, c'est que cette solution est de *ne pas la chercher*. Et en effet, Michel et moi nous nous occupons très-modérément l'un de l'autre ; nous nous voyons pour dîner et nous échangeons de temps à autre une parole pour les commissions à donner à Rochette, voilà à peu près tout. Je prépare le dîner, il lave la vaisselle, telle est la division de notre communion ; quant au reste du temps, il est dans sa chambre ou avec ceux qui lui plaisent ; moi dans la mienne et avec qui bon me semble ; nous parlons généralement, aux repas, de la pluie et du beau temps, du beurre et des haricots ; il vit selon son goût et moi selon le mien ; en un mot je lui ai donné autant de *liberté* que je pouvais, et j'en ai pris pour moi tant que l'on en peut trouver en prison. Michel s'en porte beaucoup mieux et moi aussi ; cette terrible habitude que nous avions prise de nous regarder les uns dans les autres était tuante ; nous finissions, pour ainsi dire, par nous *vider* avec les yeux toujours *puisants*, ou par nous *submerger* avec les yeux toujours *versants ;* nous avons besoin d'user quelque temps de la méthode de M. Dupin : *Chacun chez soi, chacun son droit!* — Pour en arriver là, nous avons eu un mois assez dur ; j'ai fait souffrir ce pauvre Michel et j'ai souffert ; tout cela s'est terminé par l'orage du 17 de ce mois, mais pour que vous compreniez quelque chose, il faut que je remonte plus haut.

Depuis que je suis entré ici, j'ai eu la pensée très-nettement fixée sur la volonté providentielle qui recouvre la PRISON. J'ai bien vu qu'après avoir été, je puis le dire, exclusivement à *tous*, je devais apprendre à être à *moi;* de même que tous mes enfants, après avoir été si longtemps à *moi*, allaient apprendre dans leur LIBERTÉ, à être à *eux*. — Ces réflexions s'appliquaient donc aussi bien à Michel qu'à moi. Le choix de Michel, celui de tous mes premiers enfants avec qui j'ai eu et je peux le moins avoir d'épanchement *intime* (quant à présent du moins), le choix, dis-je, était clair, je ne devais pas entrer en prison *seul*, mais il aurait été absurde que j'y fusse avec Holstein, par exemple ; c'eût été par trop la prison bourgeoise.

Après avoir tâté prudemment cette position nouvelle, pour préparer la transition de notre vieille vie de *famille* à la vie *individuelle*, ma volonté était assez nette, et pourtant elle se formulait assez difficilement pour Michel ; je tournais et retournais un peu autour du pot. Enfin, des occupations différentes, des goûts différents et une foule de choses, la santé délicate de Michel, la nullité de nos conversations qui n'avaient plus d'aliment *extérieur*, et une quantité de considérations très-minimes mais très-multipliées, poussaient à la solution.

Un beau jour, il y a de cela un mois au moins, je lâchai le gros mot ; je dis à Michel qu'il avait à examiner une question, savoir *si en étant près de moi ici, il y était bien conformément à sa volonté propre*, ou bien si c'était par un sentiment de devoir fondé sur ce qu'il croyait que je serais peiné d'être seul ; ou bien enfin si c'était par la crainte qu'on ne regardât son éloignement, dans une maison de santé, par exemple, comme un abandon. Je lui rappelai que l'année actuelle devait être pour *tous*, lui et moi compris, malgré la *prison*, une année d'indépendance mâle et qu'il avait à réfléchir à cela ; que selon toute apparence il avait, ici même ou ailleurs, une œuvre à préparer ou à faire, tout aussi distincte de celle que je préparerais ou ferais que l'est celle de Barrault. Toutefois je me refusai constamment à lui dire positivement ou à lui écrire un désir de *moi* sur cette question, voulant que ce fût lui qui prît une résolution, me réservant seulement d'y appeler son attention, certain que j'étais que de cette manière ce qu'il doit faire lui serait inspiré par Dieu *hors de moi*.

Il y eut, je vous le répète, une série de jours assez pénibles, pour Michel surtout, qui se méprit quelquefois sur ma parole, et pour moi-même qui sentais bien souvent que je n'étais pas très-net et qui ne pouvais pas l'être, et enfin pour tous deux, parce que dans tous les cas, la position même étant bien comprise, ce n'en devait pas moins être un changement de vie, et tout changement de vie est un accouchement.

Enfin, le 17, le temps était à l'orage ; je venais de recevoir votre petite lettre sur Chabannier ; c'était un dimanche; j'avais engagé quelques prolétaires à déjeuner avec *nous;* à dix heures, Michel entre dans ma chambre et se met à déjeuner seul, me disant qu'il préférait cela à déjeuner avec nous. Je profite de la circonstance pour lui faire sentir que plus que jamais il était nécessaire d'arriver à la solution de la question pendante entre nous; que son absence d'une communion faite par moi à des prolétaires devait être significative; que nous ne pouvions pas continuer à vivre sur le pied de nos relations anciennes, puisqu'il n'aurait jamais fait cet *à parte* à Ménilmontant; que sa destinée était peut-être de me répondre toujours non quand je lui rappellerais qu'il devait se faire une vie *à lui,* mais que mon devoir à moi, était de le lui *rappeler,* mais non de le lui *ordonner.*

La matinée fut de toutes manières très-orageuse, et lorsque le tonnerre gronda, je me levai de table et j'allai à la chambre de Michel lui faire remarquer que la foudre avait bien choisi son jour.

Au moins, le grand coup était nettement porté; Michel savait que pour peu qu'il rêvât une œuvre qui pût mieux se faire loin de moi que près de moi, loin d'y mettre obstacle et de m'en plaindre, je m'en réjouirais et l'en féliciterais, comme chaque fois que j'apprends aujourd'hui qu'un de mes enfants fait œuvre sans moi et loin de moi. Il savait, en outre, qu'en restant près de moi, toutes ses pensées seraient *à lui* et les miennes *à moi*, ses travaux *à lui*, les miens *à moi;* que nos relations seraient presque de voisinage, du moins généralement et sauf les cas hors règle; qu'en un mot nous nous donnerions réciproquement la plus grande *indépendance* possible.

Toutefois, j'avais dit à Michel que probablement je lui écrirais le jour même. Malgré cela, le soir je lui dis que je n'avais pas écrit et décidément n'écrirais pas; que je lui avais assez *dit* ma pensée, que ma parole n'avait pour but que d'exciter une résolution positive de lui sur son avenir; que je l'attendais.

Le lendemain, il me dit que le refus de lui écrire lui paraissait cacher une *défiance* dont la pensée seule lui était pénible; je le priai à mon tour de m'expliquer par écrit ce qu'il entendait par ce mot de *défiance*; il me le promit. Trois jours se passèrent jusqu'à celui où je vous écrivis et où je vous parlais du 22 mars; je lui demandai donc jeudi soir s'il ne m'écrirait pas, et il me répondit comme je l'avais fait, que non.

Voilà donc où nous en fûmes pour le 22, c'est pourquoi je vous disais que la solution est de ne plus la chercher; nous sommes juste dans la position la plus convenable pour qu'à la première inspiration qui pourrait pousser Michel, soit à prendre le chemin d'une maison de santé, soit même à demander à Barthe de le faire gracier, soit à se retirer dans la partie de la prison où sont les aristocrates (Larochefoucault, etc.) et où il pourrait mieux travailler, où il pourrait aussi recevoir du monde de l'extérieur sans me gêner, il puisse le faire sans scrupule et presque sans douleur commune.

Et quant à moi, je perds par là l'habitude que j'avais enracinée en moi de ne jamais travailler et réfléchir *seul,* je sais bien que je ne prendrai jamais l'autre, car je n'aimerai jamais engendrer dans la solitude, mais on ne doit pas toujours engendrer et la solitude est bonne pour s'y préparer.

Je vous ai mis là un peu trop rapidement au courant de notre vie, depuis l'époque où j'ai cessé de vous écrire aussi fréquemment, car ces deux phénomènes concordent beaucoup. Ce n'est pas pour rien que Michel est privilégié parmi mes enfants dans votre affection et qu'il vous aime beaucoup. J'avais besoin, d'ailleurs, de faire toute cette affaire sans en parler à personne, et je vous demande même de ne m'en pas parler du tout dans votre réponse à cette lettre toute confidentielle, quand bien même la brièveté du récit laisserait quelques parties obscures pour vous plus tard.

Bonsoir, car depuis tout ce temps, j'ai pris l'habitude de me coucher à dix heures, de me lever à sept, et il est dix heures un quart.

J'ai demandé à Rochette des rideaux ; sans doute il implorera votre secours pour les faire arranger à la dimension ordinaire.

Adieu. — Je vous assure que le coup de tonnerre du 17 a été fort remarquable.

P. E.

Fin du XXVIIIe volume.

Paris-Imp. PAUL DUPONT, 41, rue Jean-Jacques-Rousseau, 41. — 1907.9.72

www.ingramcontent.com/pod-product-compliance
Ingram Content Group UK Ltd.
Pitfield, Milton Keynes, MK11 3LW, UK
UKHW020438200726
13857UKWH00002B/471

9 782012 464988